JN167664

定年女子　60を過ぎて働くということ

岸本裕紀子

集英社文庫

目次

定年女子

60を過ぎて
働くということ

はじめに

二〇一五年春に「定年女子」を出版してから約五年の年月が流れ、当時、まさに定年世代だった私は、今、再雇用を終えようとする年齢になった。『定年女子』はNHKのBSプレミアムでも、同じ「定年女子」というタイトルでドラマ化され（原案　岸本）、定年を意識し始めた中高年女性たちの、仕事に対する気持ちや抱えているものの複雑さ、悩みなどに多くの共感をいただいた。

定年女子から、定年女子Ｐａｒｔ２へ。

その間、たった五年ほどであるが、この世代を取り巻く状況は大きく変わったように思う。

人手不足はますます深刻化し、少子高齢化の流れは止まらないという背景の中で、政府も「人生１００年時代構想」を掲げて、高齢者が仕事をすることを奨励するようになった。

世の中的にも、60代女性が仕事をしたり、社会に関わることが当たり前、とは言わないまでも、普通のことになりつつある。

かつて定年世代を表していた「悠々自適」という言葉は、定年後の設計図に合致しないようになり、羨望の対象から、非現実的なイメージに変わりつつある。もはや、定年は終わりではなく、その先も何らかの形で社会とかかわっていく、それが主流になりつつあるようだ。

そんな、五年間の変化を受けて、定年女子Ｐａｒｔ2としての本書は、定年後も働く女性たちの本にしたいと考えた。

仕事はもちろんのこと、仕事という形はとらないまでも、何らかの形で社会とかかわっていく、そんな女性たちにスポットを当てている。

「定年女子、さらに働く」である。

内容は、大きく四つのパートに分かれている。

まずは、再雇用制度の下、同じ組織で仕事を継続している女性たちである。

ただ、彼女たちは、一般に考えられている再雇用での働き方と異なり、自分らしい内容、やりかたで仕事をしている。そればかりか、65歳で終わりのはずだった仕事を、その年齢を過ぎても、望まれて働き続けている女性たちもいる。

一般の再雇用と比べて何が違うのか、どうしたらそうなれるのか、彼女たちの話からくみ取れるものはたくさんあると思う。

次に、20代で結婚・出産し、ずっと専業主婦だった人が、定年を意識するくらいの年から社会に出て働く、そんな一昔前だったら見当たらなかったケースも取り上げてみた。

イメージが定型化された主婦のパート、とは違う形での、働く姿を紹介したい。

三つめのくくりは、定年前後に、思い切って新しい場所で、仕事の花を開かせようと奮闘している女性たちについてである。

彼女たちがその道に辿り着くまでの逡巡《しゅんじゅん》、葛藤、期待、準備、そういったことにポイントを置いて考えてみた。

最後は、40代、50代の、まだまだ現役だが、チラッと頭の片隅に定年を意識するようになった世代の女性たちに向けて、定年後も働きたいと思ったら、おさえておいた方がいいポイントを改めてまとめてみた。

定年女子は、執筆前に予想していたよりずっとずっと豊かで面白い人生を生きていた。

もうひとつ、感じたのは、この数年で、女性のキャリア設計のステージがまたひとつ増えたということだ。

60歳までの現役時代の第一ステージ、60歳から65歳までの再雇用など第二のステージ、そしてどうやら、65歳からの第三のステージも出現し、そこで働いている女性たちが着実に増えてきているということである。

もちろん、定年を迎え、そのまま再雇用制度の下で働き、その後は、リタイアという女性のほうが今は圧倒的に多いが、その先も、仕事をしようと思えばできる、そんな社会になってきているようだ。

面白いのは、取材したほとんどの女性たちが、

「自分は30歳くらいで仕事を辞めると思っていたのに、まさか定年まで会社にいるとは……」

「それどころか、さらに65歳まで働くなんてね」

「そしてその先もまだ仕事をしようといろいろ考えてるなんて……」

「若いころには、そんなこと、まったく想像もつかなかったわよ」

と楽しそうに語ってくれた言葉である。

まずは、定年なんてはるかはるか昔のこと、70歳を過ぎてなお、現役バリバリの二人の方に登場いただこう。

第1章

先輩たちのパワーに驚く

考えてみれば、キャリアなどという言葉が生まれるずっと以前から、女性たちは働いてきたのである。

しかもかなり高齢になるまで働いていた。

農業に従事する女性たち、家の商売を仕切っている女性たち、旅館の女将《おかみ》、地方のお菓子工場や織物工場で60年も働いている女性たち、医者や看護師、学校の先生、などなど。

ここに登場いただく瀧本《たきもと》さんと大和田《おおわだ》さんは、80代半ば、70代半ばで現役バリバリである。

お二人に共通するのは、

明るいこと、

過去のことより今を大事にすること、

仕事の中に楽しみを見つけ出すのが上手なこと、愚痴を言わないこと、常に「どうすればもっとよくなるだろう」と考え続けていること、そして、仕事を辞めるなんて発想はない、ことだろうか。

84歳、フルタイムで工場勤務、ランチも音楽会も楽しむ

瀧本敦子《あつこ》さんは現在84歳、磁石の製品を作る工場で働いている。朝九時から夕方五時半まで、週五日のフルタイムの仕事である。

お給料は時給で、交通費が支給され、夏と冬には決算ボーナスもでる。

工場と言っても、広いスペースに大きな機械が並ぶといった工場ではなく、従業員が一〇名前後の作業室のようなところだが、清潔な室内で椅子に座っての作業で、瀧本さんは、主に接着作業を担当しているという。

また、品物をケースに入れたり、まとめて袋に入れて束ねたり、時には重い荷物を運ぶこともあるそうだ。

「磁石は重いんですよ。時には二〇キロのものを運ぶこともあります。そんなと

きには、荷物の正面にきちんと立って、今、これを持つからね、と心で言ってから持ちます」と、腰痛にならないコツを教えてくれた。

始業は九時だが、朝六時半に家を出て、七時半には会社に着いている。掃除をして、机を拭いて、作業に必要な部品などを出して並べ、九時になったらすぐに仕事に取り掛かれるように、その日の作業の段取りを考える。

昼休みには、手作りのお弁当を食べるが、時間があればみんなの味噌汁《みそしる》を作ったりもする。家で多めに作りおきしておいたお惣菜《そうざい》を、周りに分けてあげることもしょっちゅう。

他のパートの人たちからは、「瀧本さんは働きすぎです。普通にしていてくれればいいのに、やりすぎるから、私たちが怠けているみたいに見えちゃう」と言われたりもするが、まあ気にしない。

「体が丈夫だから、ここまで働けたんです。また、休まず働いてきたから、ここまで元気でいられるの」

休まずといえば、70代後半のこと——。

長く闘病していたご主人が亡くなり、喪失感で、ぼーっとしていて自転車にぶつかり、転んで、膝をしこたま打った。顔も打ち、前歯は折れて、メガネはめちやめちゃにこわれた。でも、会社は休まないで、杖《つえ》をついて通ったという。「失礼ながら、お歳《とし》から言えば、そこで仕事をしばらく休んで、そのままなんとなく会社を辞めることになるというケースですよね」と言うと、瀧本さんはすぐに、「そんなことは全く考えませんでした」との返答。

　書類上は一年更新の契約になっているが、更新しますか、と聞かれたり、今年でおしまい、などと言われたことはないという。

「工場は少ない人数で回しているので、時には、新しいこともやるんです。そんなときには、材料を並べて、どうすればキレイにできるだろう。どうやったら早くできるか、などを考え、それから仕事に取り掛かるようにしています」

　他のベテラン社員の仕事を見るのも好きだ。それをまねて、見習ってやってみる。そして、よく質問もする。

「箱入れひとつにしても、うまい人は早くてきれいなの。それで作業の邪魔にならない程度に、どういうふうにテープをかけるんですか？　それはどういう順序で入れればいいんですか？　なんて聞くんです。でも、今の若い人はあまり周囲に聞いたりしないわね」

　瀧本さんは取材中に、「私は仕事が楽しいんです」と何度も言った。

秋田県の大館《おおだて》市出身。

九人兄弟で、自分で何でもやらなくちゃならない、という環境の中で、手に職をと洋裁を身につけ、20代で東京に出てきた。銀座の洋裁店などで洋裁師として働き、のちに仲間たちと一緒にオーダーメイドの店を持った。

だが、既製服全盛の時代になり、舶来服地などを使い仮縫いして仕上げる贅沢《ぜいたく》なオーダーメイドは、消費の主流から外れていく。やがて、店を閉じることになった。たまに個人で頼まれてウエディングドレスなどの仕立てをしたりしたが、定期的に仕事があるわけではなかった。

そんなとき、妹さんのご主人が経営する工場が別の企業に吸収合併されることになり、その新しい工場で働けることになった。50代の半ばだった。それが、現在の職場である。

そこから三〇年、雪の日も、ストのときも遅刻したことがない。

仕事が楽しい、疲れなんて忘れちゃう、という。

そんな瀧本さんだが、プライベートも充実している。土日は一週間分のお惣菜を作り、冷凍しておく。

美味《おい》しいものを食べに行くのは大好きで、「ランチで食べ歩きをするんです」

美味しかったものは家に戻ってから再現してみる。シェフに「どうやって作るんですか？」と聞くこともある。

音楽会などにも時間が合えば出かけていく。月に一、二回の割合だ。

「最終バスで帰ってくることも結構あるんですよ。不良ばあさん、っていっているのよ、自分でね」

「私は、皆さんに本当に感謝しているんです。こうやって働けるのも皆さんのおかげです。私は、ものづくりが大好き。洋裁も、料理も、工場での仕事も、ものづくりでしょ。苦になりません。それに、小さなことでも自分なりにやり方を工夫することはとても楽しいんです」

瀧本さんは、すごくおしゃれで、どう見たって70代前半で、とてもきれいで大きな働く手をしていた。

75歳、和裁のおばあさん軍団を率いて

大和田和子さんは、福島県出身、お嫁入りの準備の一つとして習った和裁で、結婚前には家計を助けていた。

28歳で結婚、上京すると、それまで細々と自分流でやっていた和裁の腕をあげるため、和裁の訓練校に入学し、プロの和裁師として独り立ちする。道具も本格的に揃《そろ》え、着物の仕立ての仕事を定期的にこなすようになっていく。

時代はまさにバブルまっさかり、何十万円、百万円以上という贅沢な着物の仕立てが次々舞い込んで、安定収入も確保できていた。

平成元年のそんなある日、世の中はまだバブルを引きずっていたころ、隣家からの出火で家が火事になり、すべて燃えてしまった。家財道具に加え、仕事の和裁の道具はもちろんのこと、仕立てや仕立て直しで預かっていた高額な振袖なども灰になってしまったのだ。

自分たちのものを失ったショックに加えて、大事な着物が燃えてしまった……。どうしようもなくて、仕立てを請け負っていた呉服店に相談に行った。

そのとき、燃えてしまった着物は代わりのものを手当てするなどして何とかするから、「大和田さん、うちで働かないか？」と持ち掛けられたという。

40代半ばの再出発、選択肢は、ほかになかった。

呉服店での仕事は、仕立て上がりの商品の検品をすることから始まった。呉服店には、各所から仕立て上がった着物が集まるが、それを、寸法通りに仕上がっているか、シミなどの見落としがないか、山のように積まれた着物の一枚一枚をチェックする。

その一方で、着付けを習い、資格も取った。お店で着物を買ってくれたお客さんの着付けをするためである。とはいっても、着付けの先生の助手であり、流派によって着付けの仕方が違うから、それに合わせなければならない。

肉体的に重労働の着付けの仕事がほぼ毎日、普段の仕事に加わった。

やがて、仕入れも担当させてもらえるようになる。仕入れ担当者について日本各地の織りや染めの産地を訪問し、日本橋の問屋などを回り、実地の勉強を重ね、呉服全般に精通していく。

そうこうするうち、和服を巡る世の中の流れが変わってきた。バブル崩壊後の不況が深刻化し、着物を着る人口が減少していったのである。

デパートの和服売り場は縮小され、全国の呉服店は倒産したり代替わりで店を閉じたりした。

大和田さんの勤めていた横浜の呉服店も規模をぐっと縮小することになった。もう今までのような仕事はできない、というかそこで働くのは無理だった。

そこで、独立を考えた。大和田さん、50代の前半のことである。

今後の方針も考えた。

これからは、仕立て直しの時代だ。今までのように、新しい高額な着物がどんどん売れる時代は終わり、祖母の、母の着ていた着物を自分のサイズに合わせて仕立て直して着る、そんな時代が来ていると感じた。

呉服店にいたときに知り合っていた和裁師たち何人かが、あなたに付いていきたいと言ってきた。

大和田さんは車も原付バイクも運転する。人見知りしないし、明るくてお喋《しゃべ》りも楽しい。それもあって、仲間たちから、

「大和田さんは、和裁はしなくてもいいから、あちこち行って仕事を取ってきて。営業してきてよ」と言われた。

他の和裁師たちは、腕は良くても、仕事を見つけたりするのは、得意ではない。自分の家で黙々と仕立てをするのが好きな人たちだ。

「どんなに腕のいい職人さんでも、仕事がなければつらいし、淋しいんです。私の役割は仕事をもってきて、仕事をする楽しみをみんなと分かち合うこと」

その大事な仲間は五人、みんな自分と年齢の変わらないような女性たちばかりである。その人たちを食べさせなければならない。そこまではオーバーだとして

も、お小遣いくらいは定期的に稼げるようにしてあげなければ。

自分は「営業する」と決めた。

そうやって、自然に、着物の仕立てや仕立て直しを仕事にする「おばあさん軍団」を率いるようになった。

呉服屋に勤務していたときのコネを頼りに、得意客や、呉服問屋や、専門店などを回り、「仕立てや仕立て直しの仕事があれば、なんでも引き受けます、お願いします」、と頭を下げ、宣伝して歩いた。仕事は、少しずつ集まってきた。

仕事の内容によって、五人に仕事を振り分けている。みんなプロなのでいちおう何でも仕立てるが、それぞれ得意分野がある。帯専門の人、羽織とコートの人。着物の人。パッチワーク的なこと（仕立て直すときに、きれいなところを生かすように反物の入れ替えをする）が得意な人。

性格的な違いもある。時間はかかるがとても丁寧な仕事をする人もいれば、短時間に仕上げてくれる人もいる。時間管理も大和田さんの仕事である。

仕事は、仕立て直しが中心だが、急ぎの仕立ても請け負う。デパートなどから注文が来て、

「来週までに何とか振袖を仕上げてくれないか。間に合わせてくれれば、買うと

いうお客さんがここにいるんだ。大和田さん、頼むよ」と言われれば、必ず間に合わせる。

「大和田さん、来て、と言われれば、ハイハイと行くのよ。仕事は何でも引き受ける」

注文に対して、ノーはない。何とかやって見せる。

「難しいこと、手間がかかって面倒くさいこと、急ぎの仕事、すべて大和田さんに頼む」ということになっているという。

洗い張り、染め直し、柄を足す、などの作業も、悉皆屋《しっかいや》さんや染物屋さんとも連携していて、仕立て直し全般をすべて請け負っている。以前呉服店でお手伝いしていた着付けの仕事だってけっこうあって、まだ現役でやっている。髪の毛だってチャチャっと自分でやってしまう。

着物関連の頼まれごともよくされる。「大和田さん、娘が今度結婚するから、私の留め袖をリサイクルの着物屋さんで安く探してよ。それを私のサイズに直して持ってきて」とか「子供の七五三のお祝いの○○を探して」などなど。

朝四時半に起きて、一仕事をして、その日の予定を確認して、七時半には家を出ることもある。

連絡手段は固定電話だけ。ケータイは持たない。朝八時までだったら、電話に出る。

仕立ての仲間とはしょっちゅう集まって、商品を前に、ああでもない、こうでもないと話し合ったりする。「柄がある着物の場合、この花を中心にするか、この山を中心にするか、なんかを考えるのが楽しいよ」という。

最近は、一人を除いて、70代になった。細かい作業の多い和裁は、目が疲れる。「みんなを集めて、窓のそばでやれ、とか、照明の近くでやれとか、うるさくいっている」

今、和のいいものが見直され、祖母や母親の着物を自分のサイズに直して着る人が増えて、着物のリサイクル店も増えて、ちょっとした着物ブームである。

しかし、その割には和裁ができる人が少ないから、仕事は、途切れないほど忙しい。注文を取り、仕立て上がった着物を届ける毎日だ。毎日、軽自動車に山のような着物をのせて、走り回っている。

おばあさん軍団、フル回転なのである。

第2章

同じ組織で働き続ける定年女子

二〇一五年二月に『定年女子』を出版したときには、まだ、再雇用制度が始まったばかりだった。

二〇一三年四月に施行された改正高齢者雇用安定法により、企業は、年金の給付が始まる年齢まで従業員の雇用を確保することを求められるようになった。具体的には、定年制の廃止、定年の引き上げ、再雇用制度（継続雇用制度）の導入の三つの選択肢の中から、どれかを選ぶことになったのである。

当時、企業が選んだのは圧倒的に再雇用制度が多かった。

しかし、企業の最大の関心は、その結果、新たに発生する再雇用者たちの給料をどうするかであり、彼らをどう処遇するか、どのような役割をあたえるかについては試行錯誤どころか、十分考えられてはいなかったように思う。

大雑把に言うと、再雇用専用の部署などをいくつか設け、希望者は、とりあえずそこで仕事をしてもらう企業がある一方、役職や権限はなくなるけれど、それまでと変わらない仕事を継続してもらう、という二つに分かれていた。

ただ、例外なのは、特別な能力やスキルがあると会社が認めた社員であり、それは、例えば、熟練した技術を持つ工場の作業員であるとか、特別な顧客を持つ営業職、その道一筋の調査・研究職などで、彼らは、再雇用があろうがなかろうが関係なく、その先も仕事が続いていくのだった。

そして、今――。

組織は、再雇用者を、積極的に活用しようと一歩踏み出したと感じる。

将来に向けて活躍してくれそうな人は、別建てで雇用していこうという動きも、まだ一部ででではあるが、でてきているようだ。

会社にとってずっといてほしい人材、得難い人材は、なんとしてもそのまま残ってもらいたい、という企業の本音が見える。

また、評価に関しても、「再雇用者は一律に同じ」ではなく、それぞれの仕事ぶりを評価して、人により処遇を変えていこうとする動きもでてきた。

そういった流れを受けて、再雇用などで会社に残る人たちの中にも、考え方の変化が生まれ始めている。

再雇用＝仕事を静かにクールダウンする期間、65歳の本当のリタイアまでの橋渡し、ではなく、この先も積極的に仕事をしていこうという姿勢に変わってきているのである。

では、どうすれば、その会社において「必要な人材」「ほしい人材」になることができるか。

これから登場いただく定年女子の中にそのヒントがあるかもしれない。

先輩社員として、仕事のノウハウを後輩たちに伝えるのが私のできることだと思う

◆上村裕子《かみむらゆうこ》さん

定年より、実は、役職定年の方がつらい。

定年女子を取材して、わかったことだ。

定年は、役員以外はだれでも定年の歳になれば、ひとしく第一線から退場するわけだからフェアである。

諦めもつく。

しかし、役職定年は、会社にはいてもいいけれど、もう地位も、権限も、決定権もないですよ、役職手当もつかなくなりますよ、というもので、モチベーションが保てなくなる。

プライドの高い人なら耐えられない。

それでも、元部下が相談に来てくれたりすれば、まだ救われるだろう。が、ふつう、周囲は「触れないでおこう」的な態度になる。

しかし、そのつらいときにこそ、その人の真価が問われるのかもしれない。

中堅の広告代理店に勤める上村裕子さん（60歳、独身）が、定年を迎えたのは、今年の夏である。

そして今は、定年前に思い悩んでいたよりずっといい待遇で、忙しく仕事をしている。立場こそ65歳まで一年ごとの契約社員であるが、給料は想定していたよりもよく、残業代もつく。そして何より、大好きなメディア関連の仕事を任されている。

しかしそれは、棚ぼた的に手に入ったものではない。自分はこの先どうしたいか、今の会社でどのような貢献ができるかなどを、ちゃんと整理し、考え、実践し、それを上司にも伝え、交渉して、得たものだとも言える。

もっと言えば、役職定年で給料が減らされ、メディア担当の部長として華やかに活躍していたのと違う部署に回された50代後半にも、くさることなく自分の業務を淡々とこなし、後輩に自分の知識を教えたり、仕事のやり方をアドバイスしたばかりでなく、時間があれば手伝い、一スタッフとして動き、そんな努力を積み重ねてきたからだ。


上村さんは、短大を卒業後、大手損害保険会社に入社、経理部で三年間働いた。当時は25歳過ぎたら売れ残りのクリスマスケーキ、と言われた時代だったが、その部では30代、40代の女性社員も何人か働いていて、女の人ってけっこう長く働くんだ、と驚いたことを覚えている。しかし、なんとなくその仕事をずっとやるのは違う気がして、三年で退社した。

しばらく自宅でぶらぶらしていたが、友人の紹介で、ある広告代理店の主催する、テニス大会の運営事務局でアルバイトをすることになった。その部署は、イベント関連を取り仕切るところであり、そのほかにも、将棋大会や子供バレーボール大会などのお手伝いをした。

「そのときに、広告代理店というものを知って、『なんて楽しい会社なんだろう。私もこんな仕事がしたい』と感じたんです」

損保会社を退職後約一年がたっていたが、新しい仕事を探さなくてはならない。もちろん希望は、楽しくやりがいもあった広告代理店だが、現実は厳しく、一般事務職で企業も幅を広げて履歴書を送ったが、面接まで行けず書類で落とされる毎日だった。

しかし、失業保険を取りに行ったハローワーク、当時は職安といったが、そこでとある中堅広告代理店が募集していることを知り、応募して、三度の面接を経て採用された。

その代理店での仕事は、雑誌の進行、掲載紙の発注などから始まり、やがてメディア担当の営業をやるようになる。出版社に広告の申し込みや企画を持ち込み、見積もりを取り、内容について詰めていったりする仕事である。

当時は、外国のブランドが日本でのビジネスに本腰を入れるようになり、商社などを介さず、直に広告や販売を展開しようとする時期で、仕事は増えていった。

「どうしたら、この日本人にはなじみの薄いブランドをみんなに知ってもらえるか、と考え、雑誌編集者にそのブランドの説明に行き、パリやミラノでタレントが着ているそのブランドの服やバッグのスナップ写真を雑誌に使ってもらうよう提案したりして、そうやって仕事の幅を広げていきました」

その会社に約二〇年勤めるが、上村さんが44歳のときに、先輩たちが新しい広告代理店を立ち上げ、そこに創業時のメンバーとして参加することになる。

幸いなことに、いいクライアントもついて、会社は着実に成長していった。上村さんは、仕事にも恵まれ、人脈も広がり、若い社員が多い中、ベテラン社員としてしっかりとした実績も残し、50代前半にはメディア部の部長として多忙な日々を送っていた。

57歳になったある日、役員に呼び出された上村さんは、役職定年を言い渡される。

入社時には、役職定年のことなど契約になかったはずだが、実はその会社は数年前にある会社の傘下に入っており、人事などは、その親会社のルールに準ずることになった、と言われたのだ。納得できないと反論するも、役員はそう決まったの一点張り。

役職定年で、年収は一〇〇万円ほど下がった。配属も新設の業務管理部に変わり、年下の元同僚が上司となった。名刺の肩書こそ、今までと同じ部長、となっているが、部下の社員のいない部長であり、席も窓を背にした部長席から、部員と同じ席へと移動。そんな怒濤《どとう》のような待遇の変化にショックを受ける毎日。

「周りの社員たちはそんな私の変化をどう見ていたのかなあ。でも誰からも特に聞かれることもなかったですね……」

　役員とも折り合いが悪く、何度も会社を辞めたいと思った。友人たちに会えば愚痴を言う日々だったが、彼女たちは、「辞めちゃダメ」と引き留めてくれた。今ではその言葉に感謝しているという。

　しばらくすると、少し精神的に落ち着いてきた。そして、自分のできることをやっていこうと気持ちを切り替えた。

　とはいえ、自分はどこまでやるべきか、悩んだ時期もあったが、やれることをやればいい。

　業務管理部の平常の仕事に加え、忙しい営業のサポートをしていこうと考えた。営業の人が発注台帳に入力する時間がない場合は、部員とともにおこなったり、金額、発注間違えなどを見つけては修正するなど、地味で手間のかかる仕事を淡々とこなしていった。

突然舞い込んだ仕事については、「手伝ってあげるよ」と手を挙げた。小さな会社だから、臨機応変、動けるものが動くということが身についていた。ほどなくして社長が変わり、以前自分が部長でいた部署へ異動。すでに部長の仕事は後輩に引き継いでいたので、ここでもサポートに徹しようと決める。

定年も視野に入ってきて、定年後の自分について思い悩む日々。

新しい会社、ということは何事にも前例というものがなく、なんといっても自分が初の定年を迎える社員なわけだし、人事も定年後の社員の処遇については手探り状態のようだった。あらゆることが、今後の交渉による感じでもあった。

会社が自分に何をしてほしいのかをあれこれ想像するより、自分が今できることは、何かを考えよう。

その一つは、先輩社員として、仕事のノウハウを後輩たちに教えることだと、それを心掛けた。

経験は伝えられる。

例えば、打ち合わせのときには、必要書類のほかに、こんな資料があると相手を説得しやすい、とか、今後の参考にしてほしいと、これまでにこんなケースがあったということをまとめたりした。

一方人脈については、人を紹介することはできるが、それまで自分が築いてきた人脈は伝えられないと感じた。困ったときに助け合ったり、一緒に苦労してまとめあげていった仕事という歴史の上に築かれた人脈だからだ。

「それは自分が作っていくものだから」とアドバイスした。

そのころ、会社がある案件を獲得した。そのクライアントから、「上村さんに担当してもらえるの？」と聞かれたが、「私はサポートに回ります」とだけ答えた。定年のことは言いそびれた。なぜなら、定年の、いついなくなるかもしれない社員が担当なんて、相手からすれば不安だろうと考えたからだ。

とはいえ、折をみて役員とも話をして、自分は、定年後もここで働く意思があることや、若い社員のヘルプに回り仕事のノウハウを教えていきたいこと、などを伝えてきた。

いよいよあと数か月というところまで定年が迫っていたが、自分が初の定年社員ゆえに、契約社員になる立場以外は、はっきりしない。定年を迎えた社員用に人事部が作成したハンドブックにも、定年後の給与についての記載はなかった。

「お給料は、一応新入社員くらいの金額になる、というような話はでていました。

ガクッと減るけれど、若い一人暮らしの人は、その金額で家賃を払い生活していくのだから、自分一人くらい何とかなるのでは、と前向きに考えるようにしたんです」

お金については、若いころからしっかり計画してきた。年金は将来減るだろうと考え、30歳のときに年金保険に加入し、60歳から二か月に一回支払われることになっている。親から相続した自宅を50歳で建て替えたが、ローンは十年で組み、定年時には返済完了するようにした。

いよいよ定年直前になり、役員から呼ばれた。

「定年後も、今まで通りの仕事をしてほしい。もっとも、上村さんなら、ほっといても何かしてくれるよね」

定年後の仕事は、シニア社員として、新規クライアント関連の内勤業務を担当してもらう、合わせて、後輩社員の育成にも力を入れてほしいということだった。打ち合わせに向けての資料づくりや様々な取りまとめなど、若い人中心の前線部隊がうまく事を運べるように、ちゃんと準備しておく仕事。忙しくなりそうだ。

そして、給与の提示。基本給は下がるものの、残業代はつくし、それ込みで考えると、世間一般の再雇用社員と比較しても悪くない。

「ちょっと、驚きました。それに、好きな仕事が続けられるのは、何よりです。私は、暇にしているのが好きではないので、やっていけると思います」

上村さんは、50代のとき、両親を見送り、今は自宅に姪《めい》と一緒に住んでいる。趣味は仕事だけれど、旅も好きだ。

定年直後に、卒業旅行として、一人でヨーロッパを回ってきた。ベニスとニースとバルセロナ。ガウディを見て感激した。

そして今、定年後も、残業、残業の日々が続いている。忙しすぎて晩ご飯が食べられないときもある。もう少し楽をしたい、と思うときだってある。

65歳までは、その仕事を続けられるように頑張るつもりである。ただ、高齢者が働く社会という流れや人手不足が続けば、定年延長という可能性も出てくるかもしれない。

そうなった場合、もっと働きますか？　と聞いた。

「できたらやりたいです。会社を見渡していると、これをやる人はいないなあ、こんな仕事をやってくれる人がいたら、全体がもっとスムーズに動けるのに、という仕事があるんです。65歳になって、さらにやれそうなら、私はそれを提案してみようかな」

ただひたすらに福祉の分野を極めてきたら、65歳で昇格しました

◆長谷川紀代《はせがわのりよ》さん

専門職は強い、ということは誰でも知っていることだが、その道を進むことは案外難しい。

それは、他の可能性を捨てることでもあり、思い切りがないとできない。組織に属して仕事をしているのであれば、組織の都合で人事が決まり、そう簡単に自分の専門性を高めるようには動けなかったりする。

これは自分の専門だ、と思って頑張ってきた仕事が、時代の流れの中で、ＩＴ化の波に押されて、必要性がなくなったりすることだってあるだろう。

ただ、対人間に関わる仕事、それは、専門的な知識だけではどうともならない人間力が要求され、それだけはずっと続いていくように思う。

長谷川紀代さん（65歳、独身、子供一人）の職歴は、一枚の履歴書に書ききれないほど長い。

が、東京都のとある区役所に勤務し、その経歴のほとんどが福祉の分野であるということは一貫している。

そして、それは、30歳のときに、福祉の専門家を目指すと決めたときから始まっている。

東京の短大を卒業した長谷川さんは、大学病院の教授の秘書をしていたが、20代前半で結婚退職し、愛知県に移り住んだ。そこで、二人の子供をもうけるが、ほどなく離婚。未熟児だった第二子を連れて、東京の実家に戻ってきた。

30歳少し前に、自宅がある区の区役所の臨時職員となる。

衛生部の中にある保健センターの仕事などを経験したのち、正式な区役所職員（業務職）となり、今度は小学校の給食調理の仕事をし、調理師免許も取得した。

35歳で再婚したが、30代の後半に事務職試験に合格し、区役所の出張所の窓口業務を経て、本格的に福祉の仕事に入っていくことになる。

「区の仕事で人気なのは、広報・報道対応、教育、総務などでしたが、私は自分が未熟児を抱えた母子家庭だった時期もあって、福祉の仕事に興味を持ったんだと思う。福祉って深いなあ、いろんな分野があるんだなあって」

その後の長谷川さんは、まさしくその様々な分野の福祉の仕事を経験することになった。

「毎年、異動調査というのがあり、第三希望まで書けるんですね。そこで私は、いつも福祉の分野の仕事を希望していたんです」

福祉事務所での高齢・障害ケースワーカー、在宅サービス部での障害者就労支援、子ども家庭支援課での発達障害児支援、保健福祉課での高齢者ケースワーカー、地域振興課での生涯学習などだ。それぞれの仕事を二年から六年にわたって担当して、60歳、勤続三〇年で定年退職した。

「福祉の仕事は、のめりこんだらいけないと言われています。それでも、身寄りがない高齢者に何かあったときなど、飛んで行きました。そんな人が無事に施設に入ったりすると、ああ、よかったなって」

「それに、福祉の仕事は、実は、他の部署との連携が欠かせないんです。弁護士とのやり取りや、住宅担当との連携も必要で、やりがいがありました」

長谷川さんが福祉の仕事に関わっていたちょうどその期間は、日本で介護保険制度がスタートし、高齢者の公的介護の仕組みが動き出した時期であり、長谷川さんも自らケアマネージャーの資格を取って介護保険認定をどうするかなど、現場の経験を生かした制度作りに携わった。

また、発達障害について広く知られるようになったのもこのころで、各家庭を訪ね、調査をしてサービスの仕組み作りにも関わった。

その間、プライベートでは二度目の離婚をし、母を見送り、父の介護が始まり、など変動の時期でもあった。

定年後は、再任用（再雇用、継続雇用）職員として、かつて経験した障害者の就労支援の仕事を週四回続けていた。給料は、ボーナスも入れると平均約20万円ほどだったが、日々職務に追われ、時間外で働くこともあった。

その間、同居する父親の介護が大変になり、仕事と介護の両立の難しさとストレスが重なり、その再任用の仕事は二年で辞めることとなる。

仕事を辞めると時間はできるが、自宅で父親と向き合い、介護だけで時間を使うのはお互いにつらくなってきた。

ちょうどそのころ、六か月の期間限定ということで、保健福祉課の相談窓口対応をしてくれる人を探しており、長谷川さんは臨時職員として採用された。週四回の勤務だが、窓口の仕事は一日五時間なので、何とか介護と両立できた。給与は時給で一〇〇〇円ちょっと、月にして八万円になった。

その期間限定の窓口対応の仕事が終わって半年後に、長谷川さんはまた、定年後に再任用として働いていた障害者地域生活課で一日五時間、一〇時から一六時まで一年間働くことになる。肩書は、特別臨時職員というものだが、現役時代も定年後もいた部署なので、関係者もよく知っているし、仕事の仕方もよくわかっていた。

その間、約一二年間にわたって介護していた父親が他界した。

「父がいなくなったらどうしようかって、ずっと考えていました。そして父が亡くなったのが、私がもし再任用の仕事を続けていたら終了となる64歳のときでした」

しかし、長谷川さんの仕事はそこで終わりにはならなかった。というより、むしろ、本格的に再スタートを切ったというほうがいいかもしれない。臨時職員として、再び、保健福祉課の総合相談窓口の仕事をすることになったのである。

介護や福祉の窓口に相談に来た人に対して、「今日はどのようなご相談でいらっしゃったんですか?」と尋ねて、まずは話を聞き、相談にのり、このようなことができる、こんなサービスを受けられるとアドバイスし、手続き方法を伝え、必要とあらば適切な部署へと案内する、という仕事である。

介護を抱えている人なら誰でも経験があると思うが、いったい自分の親は、どのようなサービスを受けられ、どのような手当が支給され、それはどのような手順を踏み、手続きを経て、などなどわからないことだらけである。耳がかなり遠かったら、透析を受けていたら、障害者の認定を得られる、などということもわかりにくい。

そういった問題を抱えた人が窓口に出向いたとき、「それはここではなく○○課にいってください」などと部署をたらいまわしにされるのではなく、問題をちゃんと判断し、的確なアドバイスをしてくれる人がいたら、どんなにいいだろう。

しかし、そのような総合的な知識があり、現場の経験も積んだ職員はまだまだ少なく、まさに長谷川さんのような人は適任ということなのだと思う。

ちなみに、同じころ、同じ区の他の支所からも似たような仕事をしないか、との要請があったという。

「再任用をやめた後の六か月の期間限定で窓口の仕事をしていたときには、基本的に話を聞いた後は、適正な部署に誘導するだけだったんです。でも今は、自分で判断できる、アドバイスできるところが違うかな」

とまあ、話はここで終わる予定だった。が、しかし――。

つい先日、65歳の誕生日が過ぎてからまもなくのこと。

職場の上司から、「今までの臨時職員ではなく、非常勤の事務嘱託員（契約社員のようなもの）に応募しないか」とすすめられたという。

「私は、再任用期間の64歳を過ぎちゃいましたよ。ついこの間、65歳になったんで、と言ったら、65歳までなら大丈夫だから、と説得されたんです。笑っちゃいましたけどね」

それで、人事課に履歴書を出し、面接を受け、そして、正式に採用された。

その結果、月に一六日、朝九時から五時までの勤務で、給料は月額一四万八〇〇〇円もらえることになった。一年ごとの更新である。

また、自分の席がもらえた。ロッカーもある。職員のＩＤカードもある。そして、有給扱いの夏休みと、一〇日間の年休もある。

仕事内容は、主として高齢者関係の仕事で、先ほどの窓口対応もあれば、介護保険やサービスの申請書類に目を通して入力したり、様々な電話応対もある。若い正職員時代と比べたら、もちろん、自由にならないところもあるけれど、それでも、

「これまでの経験を生かせるし、やりがいもありますね」

長谷川さんは定年後に、自分から、これがやりたいとアピールしたわけではない。

けれども、それまでの実績と高い専門性で即戦力になる人材と判断されて、あちこちから声がかかったのだと思う。

65歳からたぶん70歳くらいまで、30代に自分が生涯の仕事と決めた福祉の仕事に関われそうである。

（注）二〇二〇年四月から地方公務員制度の会計年度任用制度の導入があり、長谷川さんが働いている東京都の区でも、臨時職員、非常勤職員を年度単位で雇用し、年齢制限の撤廃や期末手当の支給も検討されている。

私、このままで終わりたくないんです。次のステップに行きたい

◆太田恵子《おおたけいこ》さん

定年女子の取材中、よく聞くフレーズに「仕事をやり切った」という言葉があった。

「もう仕事はやり切ったと思ったから、スパッと辞められました」という言葉を聞くと、なんてかっこいいんだろう、と感心した。

私は、物書きとしてのスタートが、36歳と決して早くはなかったので、なんかまだやることがありそう、とぐずぐず思っている。

もちろん早いスタートをきって、若い力のあるうちにどんどん積み上げていくにこしたことはないだろうが、遅く始めても、そこから粘って、やめないで続けていけば、それなりの仕事ができるかもしれないと思う。

転職が当たり前の時代になり、中途採用で、社歴が長くない人も増えている。

今はまだ、60歳定年が主流だが、五年前と比べると、65歳に定年が延長された

企業の割合は増加してきている。定年撤廃、という企業だってないことはない。今後もその流れは続くと思われる。

となると、会社での働き方も変わるのではないか。

人それぞれの仕事のペース、があってもいい。

太田恵子さん（58歳、子供一人）は大学卒業後、就職で出版社を目指したが、かなわず、大学の就職課に相談したところ、「とりあえず就職して、働きながらチャンスを狙いなさい」と、中堅の商社をすすめられ、そこに入社した。

が、希望はあくまで、編集の仕事であり、数年で退職。そのあと、医学系の出版社に転職して、編集の仕事に就くことになる。その出版社は医学系の中でも、歯科、心理学などを専門としており、編集の知識は身についたが、読者層が狭く、だんだんもっと広い読者を相手にした出版物を扱いたいと思うようになった。

30歳のときに、心理学をベースにした一般人向けの月刊誌を創刊するという出版社に応募して採用されたが、雑誌は売れずに廃刊になってしまった。

その後は、フリーで雑誌や本の編集の下請け的な仕事をやっていたが、34歳のときに一大決心をした。

医学雑誌の編集を通して、心と身体《からだ》の両方を診ることのできる医者が少ないことを痛感し、そういう医者になりたいと、医学部受験にトライしたのである。仕事をしながら一年間受験勉強をして、ある大学の医学部を通常枠で受験したが失敗し、翌年、別の大学の医学部を社会人枠で受験したが果たせず、医者になるのはあきらめた。

働きながらの受験勉強には限界があり、いつまでも中途半端な状態を続けるわけにはいかなかった。

受験勉強中、仕事を通じて知り合い、受験を応援してくれる男性と結婚し、38歳で娘を出産する。そののちは子育てしながら、編集の仕事を家でするようになった。

ずっと、このままの人生が続くのかなあと思っていたが、大きな転機は40代後半にやってきた。

夫が、働いていた出版社を辞めフリーになった。夫婦二人ともフリー、という不安定な身分で子供を育てるのは難しい。それなら、自分が就職するしかない、と考えた。小学校三年生の娘の「ママが外でお仕事するなら、学童にいってもいいよ」という一言が、その決断を後押ししてくれた。

しかし、40代後半で出版社の求人などない。そこで業種にはこだわらず、親、親せき、学校の恩師等、縁故を総動員して就活をし、運よく、ある大手メーカーのグループ会社に採用された。太田さん、47歳のときである。

そこは、大手メーカーの販売部門の会社だったが、編集経験を買われて、マーケティング室での市場調査やプレゼン資料の作成などを担当することになった。久々の会社勤めであり、初めてのマーケティングの仕事、不慣れなパソコンスキル、職場の人間関係の問題などいろいろあったが、何とか乗り切っていった。

普通なら、そろそろキャリアの総決算を意識するような40代後半の中途採用、遅い再出発である。

そして、大手メーカーの本丸でなく、グループ会社の仕事である。もとより出世とか、そういうことを目指しはしないが、ただ与えられた仕事をこなすだけではつまらない。

自分が仕事をする意味は――。

会社の役に立ち、そして、消費者にもアピールし、社会の役にも立つ仕事をしよう。

そこで、通常の仕事に加えて、市場開拓、新規事業、新商品に関する提案など、次々に企画書を書き、上司や関係部署に提出した。

「企画書を書いては出し、書いては出し、という感じでした」

太田さんの提案は最初「素人が何を言っているんだ」とほとんど相手にされなかったが、次第に同調してくれる人も現れるようになった。

そんな折、突然の危機に見舞われる。入社して一年もたってないというのに、癌《がん》が見つかり、入院、手術。三か月間、休職した。

職場復帰は無理かも、と心配したが、「戻ってくるのを待っている」という職場の人たちに励まされ、仕事に戻ることになった。復帰のチャンスを与えてくれた会社にも感謝したという。

「病院のベッドの上で、会社の役に立つ企画をここでも見つけようと思って、観察しまくりました」その経験をもとに、医療分野への製品の提案書を作成、採用されたものもあったという。

一方で、私生活では、夫との関係がうまくいかなくなり、精神的にも追い詰められていた。

そんな太田さんを見て、娘が「二人で暮らそう」と言ってくれた。

「娘の後押しがなかったら、別居も就職もなかったと思います。本当に娘の一言にどれだけ助けられたか」

家庭生活が落ち着いたころ、めげずに出し続けた企画の一つが採用され、太田さんは新しい一歩を踏み出すことになる。

会社の製品を一般消費者に知ってもらうための複合施設「夢イベント館」の実現だ。

当時、会社は扱う商品の範囲を広げており、一般の人に参加してもらうことでその会社のＰＲにもなり、商品の良さも知ってもらい、消費者参加のイベントを通して地域との交流も図れる。

数年の準備段階を経て、「夢イベント館」はオープンした。

太田さん、52歳のときである。

それにより、グループ会社から本社へと異動することになった。

太田さんは施設の生みの親として、運営を軌道に乗せるべく奮闘してきた。

夢イベント館では、大小さまざまな展示会や体験イベントが催されるが、その企画を募り、まとめあげ、社内外に情報発信するのも太田さんの仕事だ。

「古くからいる社員からは、会社のお金を使ってやりたいことがやれていいですね、なんて皮肉を言われたりもしますけれど、いちいち気にしていたらきりがないし」

そんなふうに、新しい環境で走ってきて一〇年が過ぎ、太田さんは、今、50代後半になった。夢イベント館も軌道に乗った。娘も大学生になった。あと少し働けば、娘は卒業するし、自分は定年だし、これからは仕事を流していってもいいのだが……。

そんな矢先、会社の定年が65歳まで延長された。

それに、まだ一〇年しかやっていない、やり足りないという気持ちが強い。企業に一〇年いて、企画書をどう作り、どういうルートに乗せればいい、ということもわかってきた。

「私、このままで終わりたくないんです」と太田さんは言った。次のステップに行きたいと。

会社にいる間は、常に新しいことをやっていきたいと思っている。

次の構想中の企画は、夢イベント館をもう一歩進めたものだ。

日本のメーカーの持つ蓄積された知識や、そこで働く人々も含めた日本の職人さんたちの持つノウハウを、次世代に伝えていきたい。会社にも意味のあることだし、広く社会にも役立つ、という企画である。

考えてみれば、出産が30代後半、いろいろあって、就職したのが40代後半、人とは比べられない人生だし、寄り道しながらも、それぞれの過程で得た経験を集約させている感じがする。

人よりはずっと遅くのスタートだったから、まだまだやりたいことはある。そして時間もたくさん残っている。

65歳、人材育成の仕事に自分が育ててもらっています

◆松井《まつい》純子《じゅんこ》さん

昔、大手航空会社でキャビンアテンダント（当時は、スチュワーデス、といった）をしていたという60代の女性と話をしたときのこと。

彼女はその仕事を20代半ばで辞めて、ある食品会社の営業職に転じ、今でも同じ会社で忙しく働いているが、なぜ、キャビンアテンダントを辞めたかと聞くと、「10歳くらい年上の先輩が、次に総理大臣が乗る飛行機を担当することになったのですが、総理大臣か、皇室の方か、そういった方の担当になることが最高の目

標で名誉であると聞いて、上り詰めてこれか、と思った。なんてくだらない、と感じたから辞めたんです」というではないか。

彼女は、「もっと地に足がついた仕事がしたかったんです」と続けた。

当時は、今と違って、非常勤のキャビンアテンダントはほとんどいなかった時代である。

キャビンアテンダントになると、タクシーで送り迎えされ、給料も高く、海外にも行け、ブランド品も現地で買えて、最高のお嫁さん候補と言われて、その仕事の呼び名の前に、「華の」というフレーズがつくくらい女性にとっては超人気の花形職業だったと思う。

若いとき、蝶よ花よでその仕事のど真ん中にいるときに、将来を見据えて自分の仕事を冷静に考えることができる人がいるのだと、感心したのを覚えている。

松井純子さん（65歳、独身）の話を聞いて、そのことを思い出した。

松井さんは、東京の短大を卒業後、地元の高松に帰って、大手損害保険会社に就職した。営業部に配属されたが、ほぼ同時に、西日本放送のラジオ番組で、OLの「映画紹介コーナー」を担当することになった。たまたま同級生がその放送局に出入りしており、OLで話せる人を探しているということで推薦してくれたのだ。音声テストと面接を受けて、採用された。

上司に相談すると、「話し方を習ったら、花嫁修業にいいんじゃない」と軽くOKしてくれた。

当時は、結婚退職するつもりだったから、お見合いも2ケタくらいはした。が、どの人も、何か決め手に欠けるような気がする。婚活はしつつも、自分は結婚に対する意思が定まっていないのかも、と感じたという。

26歳のとき、会社を辞めて、放送の仕事に専念することにした。仕事は、ラジオからテレビに移り、地元の夕方の情報番組「五時まで待てない」のサブキャスターを務めるようになっていた。

テレビの仕事だけでなく、大学でコミュニケーション論を教えたり、四国新聞で社外編集者を務めるなど、忙しい日々が続いた。

華やかな毎日が続く一方で、自分の将来に思いを巡らすと、実は、先輩アナウンサーのことが気になっていた。

若いころテレビで華々しく活躍をしていた女性たちが、今では結婚式の司会をしたり、企業のパーティの司会をメインでするようになっていた。まだまだ地元の有名人ではある。が、仕事の場が限定的になってきているな、と感じたのだ。自分の一〇年後、二〇年後のロールモデルがここにいる、と思った。松井さん、30代前半のことである。

それより一〇年ほどさかのぼって、まだ会社員だったころ、22歳で、社内講師養成プログラムの研修を受けたことがある。

外部から講師を招いたのだが、そのときの講師の一人が、今、松井さんが所属するMSC（マネージメント・サービス・センター）の創業者で社長だった梅島みよさんである。その研修で、二つのことが印象に残ったという。

一つ目は、梅島さんの研修のやり方で、雑学を交えながら面白く論を展開するその話に引き込まれたこと。二つ目は、インストラクターの仕事についての発見で、他の講師たちも楽しんで仕事をしており、「こういう仕事もあるんだ」と認識したという。

社内講師養成プログラムだから、受講生も模擬演習を行うのだが、松井さんのパフォーマンスに梅島さんが、エクセレント！　と書いてくれた。嬉《うれ》しかった。一緒に受講していた同僚が、「あんた、引き抜かれちゃダメよ」と忠告してくれたが、それはそれで終わった。若かったし、放送局の仕事が面白くなり始めていたころだったからだ。

それから一〇年後に話はまた戻るが、自分の将来に疑問を感じていたころ、当時を思い出して、「そうだ、社会人の講師もありかな」と思った。その仕事だったら、蓄積していくこと、経験がプラスになりそうだと感じた。

松井さんはそう思うと、さっそく行動を開始した。東京で行われている講師養成プログラムに次々、参加してみた。講座終了後は、その企業の講師になる資格がある、というものだ。

もちろん自腹である。高松からの交通費も、宿泊費もかかる。リクルート社の講師養成が、当時で四〇万円、産業能率大学のプログラムが二〇万円、など学費も「えっ、そんなに高いの！」と驚くほどの額だった。

その中に、ＭＳＣのアドバンスインストラクターセミナーという講座もあった。内容が手厚い気がしたが、それより決め手は、他の講座が、終了後に契約講師になるのに比べて、ＭＳＣは社員の講師職だったことだ。

母も、「社員だったら安定していいんじゃない」と、東京へ送り出してくれた。

一九八八年、瀬戸大橋開通の大きなニュースを伝える日が、テレビの情報番組の最後となった。

ピークのときに辞めたほうがいいな、と感じていたが、まさにそうなった。松井さん、34歳のときである。番組スタッフからは「もう帰ってくるなよ」と送り出された。

そこから、東京での生活が始まることになる。

入社した会社には、女性の先輩がたくさん在籍していた。皆、企業経験が三年以上ある転職組である。バラエティ豊かな先輩たち、一〇年先輩、二〇年先輩、見本になるような先輩たちだらけだった。

講師としての仕事は、はじめはマナーを教えるところから始まった。秘書検定を受け、メイクのセミナーを受講し、ウオーキングスクールにも通った。

次いで、コーチング、カウンセリングなどを教えるようになり、モチベーションがテーマになると、心理学や行動科学を勉強した。

40代には、ファイナンシャルプランナーの資格を取り、キャリアコンサルタント養成講座にも通って、キャリアカウンセラーの資格を取得した。勉強のため、他社の講師養成講座を受けてみたこともある。

資格取得については、会社が費用を負担してくれたが、スクールやセミナーの類は、自費で払った。すべて自己投資だった。

景気に左右される企業研修の仕事だが、自分が一度行った会社とは、長い付き合いが続くように努力した。コンサルタントとして結果を出さなければならないが、すぐに成果が出るような仕事ではない。でも、研修成果を見せるように意識はしていたという。

月の半分は地方出張、スーツと、ヒールのパンプスと、まとめ髪がマストで、出張には、今はキャリーバッグだが、昔は、ガーメントケース。当時はパソコンを持たなくてもよかったから、何とか荷物の重さに耐えられた。

40代のはじめに、会社からタクシーでも通えるくらいのところに小さなマンションを買った。会社からローンを借りた。

給料は、基本給に役職手当がつき、それに講習実績によって支払われるものが加わる。

地位は、コンサルタント、次いで、チーフコンサルタント、シニアコンサルタント、その後コンサルタント担当部長、最後は、執行役員にまで出世した。そして、定年を迎える。

定年少し前に、創業者に次いで二人目となるプリンシパルという名称を与えられた。

一年更新の契約講師だが、これまでどおり、実績による出来高払いがある。会社には、75歳を過ぎてなお現役の講師もいて、自分もやろうと思ったら、もう少し先までやれそうである。

ちょうど定年のとき、母親の介護が始まった。毎月高松に通っていたが、そのうち、たった一人の弟が手術をして、やがて亡くなった。弟の看取りと、母の遠距離介護。リタイア後の新しい選択肢は考えられなかった。やがて、母も他界した。

身近な人の最後に寄りそいながら、自分は、人の成長を助ける仕事をしている。それが気持ち的に励みになった。

定年後は、というか、65歳を過ぎても、これまでと同じ仕事を継続している。相変わらず出張も多い。変わったことと言えば、足の甲を骨折したので、研修中はパンプスを履くけれど、新幹線や飛行機の移動はスニーカーになったことくらいか。

夏の間中、会社内で、「技術伝承の講座」を持った。自分の講師としてのスキルを伝える、後輩や社外契約講師の育成が目的の勉強会だ。

そこで「研修は松井先生のライフワークだね」と言われた。思えば三〇年前の講師一年生のとき、「先生は天職ですね！」と人事担当者から言われ、「天職に転職できた」と笑ったものだった。

「人材育成の仕事に自分が育ててもらっていると実感しています」

第3章

定年後も同じ会社で働く際に、おさえておくべきこと

前章で取り上げた四人の方は、定年後も同じ会社で仕事をしている（するつもりだ）が、仕事内容などの点において、一般的なケースではない。

いわゆる平均的な再雇用の働き方とはちょっと違っている。

一般的な再雇用での働き方は、一年更新の契約であり（ここは三人の方も同じだった）、働く側が週三回、五回などを選択する。仕事内容は会社によって異なり、定年前の部署での仕事を継続させるところ、以前とは全く違う仕事に従事させるところに分かれている。ただ、継続する場合でも、役職はなく、責任の軽い、重要度の低い業務に変わるようだ。

このような再雇用制度の下、まじめに働いている女性たちはたくさんいる。

しかし、今回、あえて、例外のケースを取り上げたのは、それが、今後広がっていくと考えたからである。

そして、その場合、個人のそれまでの実績に加えて、どう定年後の仕事に向き合っていくかといったビジョン、どう自分の希望を伝えるかという交渉力、などによるところが大きいと思ったからである。

本章では、そのポイントをまとめてみたいと思う。

ゆるい再雇用制度の大きなメリット

再雇用制度が日本に定着して六年、その制度の下で働く女性たちが増えている。一般的に言って、再雇用制度の下での仕事には、やりがいはあまりないが、ゆるい安心感がある。

なんといっても、同じ会社であることが大きい。

自分は、その会社の社風も、仕事のペースも、同僚のことも、後輩のことも、近所の穴場ランチ店のこともわかっている。かつ、自分のこと、名前や既婚かどうか、子供がいるか、それまでの職歴などを、多くの人に知ってもらえている安心感がある。

たとえ与えられた仕事がつまらなくても、後輩たちの活躍を横目で見ながら悔しい思いをしても、その安心感は捨てがたい。

仮に、60過ぎて外に出たとして、仕事は見つかるかもしれないが、待遇も給料もそれほどいいはずはなく、それなら、勝手知ったる今の会社にいたほうが楽だわ、と思う。

しかも、この働き方には、別のメリットがあった。

それは、介護との両立だ。

かつて、子育てと仕事との両立に直面してきた世代が、今度は介護との両立に向き合っている。

定年女子世代は60歳前後であり、その親は、80代前半から90代前半くらいまでが多い。まさに介護サービスを受けていたり、これから受けようとする年代だ。

実は、取材すると、定年女子の多くが、介護の問題を抱えていた。寝たきりの親と同居して昼も夜も介護に明け暮れるような場合は仕事どころではないが、部分的介護をしている女性たちは実に多い。

老人ホームに入居している親を週一で訪問する（実は私もその一人だ。片道二時間半かけて通っている）とか、近所に介護サービスを受けている親がいて、毎日顔を出している、などという場合、この再雇用制度の働き方はとても都合がいい。

仕事もきつくないし、週に三日の勤務を選べるし、五時には帰れる。仕事のない日は、ケアマネージャーとの打ち合わせも、病院への付き添いもできる。地方に住む親を頻繁に訪ねることだってできるだろう。親の家の片づけも少しずつやっていける。

実は取材した多くの女性たちが、

「定年後は、仕事3、介護3、自分の生活4という感じの毎日です」とか、

「再雇用制度で週三日の仕事をしているのですが、定年前は行けなかった分、なるべく母のところに行くようにしています。母がもっと弱ってきたら、そのときは再雇用の仕事を辞めると思います」などと話してくれた。

ここに登場してくれた長谷川さんも、父親の介護が大変になって、再雇用での仕事を二年で辞めている（その後仕事に復帰したのは、前述のとおりである）。松井さんも、60歳前後には、高松に住む母親のところに月に一度、遠距離介護で通っていた。

現行の再雇用制度の下での、仕事と部分介護との両立、実はこれが働く定年女子の主流派なのである。

役職定年のつらさをどう乗り切るか

ある外資系企業に勤める61歳の女性からこんな話を聞いた。

50代後半に、外国人の上司から役職定年のようなことを言い渡され、会社にとどまるか、辞めるか、迷ったという。

「正社員として残る場合は、職位は下がる。契約社員としてなら、部署や仕事内容はあまり変わらないが、半年ごとの契約で、健康保険などもそのままにする」というような内容だった。

外資だから、給料はもともと年俸制だったが、リーダーの役割は若い社員に引き継がれるということだった。

その申し出を断ることができるような雰囲気ではなかったそうだ。社内の先輩男性も、少し前に同じような通達があったという。

彼女は会社にとどまった。

「もう、すごいショックでしたよ。でも、このショックのまま会社を辞めたらまずいと直感的に思ったんです。だって、マイナスの気持ちのまま終わってしまうということでしょ」

だから、重要な案件から外され、自分は必要とされていないかもしれない、という淋しい気持ちを抑えながら日々の仕事をこなしていた。

「一番つらかったのが、スルーされることですよね。若い人も遠慮して、先輩にいろいろ聞いたり、助けを求めたりできないんです」

その数年が過ぎて、60歳の定年の歳になったが、契約社員の立場での自分の仕事は、そのまま継続していた。いわゆる再雇用制度の下で働いているような感じである。

そうこうするうち、ちょっと潮目が変わってきた。

新しい案件が発生し、上司が変わり、そして、同じ部の若い社員が産休に入ったりした。仕事は忙しくなり、これまでの経験がプラスに捉えられ、必要とされている感覚を再び持つことができるようになったという。

「産休の人や育休の人が出た場合、みんなで仕事を分け合うという〝ワークシェア〟という考え方があるでしょう。ワークライフバランス重視の時代だからこそ、定年後の社員も、役割分担の一翼を担えればいいんだなあ、って思いました」

組織は、欲しい人だけ、個別に交渉する

今回の取材を終えて、最も驚いたのが、この、同じ会社で定年後も働く女性たちの新しい流れについてだった。

企業は、定年になった元社員全員を、いったん転職市場に投げ込み、改めて、「この人とあの人」と個別に採用していく、というような感じをもった。

個別に採用し直された人は、それなりの条件で働くことができ、やりがいのある仕事が待っていた。

もちろん、それには条件があるだろう。

一つ目は、比較的小さな規模の会社であることだ。

大企業は、定年に達した人の数が多すぎて、一人一人のこれまでの仕事ぶりや能力を個別に見て判断していくことはできず、待遇に差をつけにくい。定年になった人の代わりを務める現役社員も多く、新卒採用にも問題はない。つまり、人手不足状態ではない。

二つ目は、上司がしっかり元社員を評価していることである。

上司が、部下の日ごろからの仕事ぶりを見て、評価することが重要だ。この人には、残ってほしいと考え、当人と個別に交渉するのもこの上司の役割だったりする。もちろん人事部に了承を得たりはするようだが、定年後は、ほとんどが一年更新の契約社員だから、そこのところは、さほど難しくないようだ。

三つ目は、その人を再雇用する明確な理由があることだ。

前章に登場いただいた上村さんは、新しいクライアント関連の仕事をバックでしっかり支えてほしい、と言われたという。長谷川さんは、福祉の相談に訪れる区民に対して、包括的なアドバイスができる経験や知識を評価された。松井さんは、「今後も松井さんでお願いしたい」というクライアントからの強い要請が大きい。

そのような条件がそろった場合、という前提ではあるが――。

定年後も望まれて、画一的でない、自分らしい働き方ができるのだと思う。

大事なことは、定年前に、組織が残ってほしいという何かを、現役時代に自分が作っていけるか、である。

アドバイザーは肩書、必要なのはサポーターと育成者である

歳をとると、特に役職定年などの場合、肩書がやたらカタカナになってくる。シニア・スタッフ、シニア・アドバイサー、アドバイサリー・スタッフ、などなど。

表向きは、後輩たちに適切な指導・助言をし、仕事をちゃんと導いてほしいというアドバイサー。

しかし、現実は、その逆ではないだろうか。

企業は、まだ仕事に慣れない後輩たちを、彼らが、その後ろでしっかりサポートしてほしい、と考えているのである。

表に立つのは後輩たちである。

そして、若手社員の仕事の足りない部分を補い、資料を用意し、緊急事態発生時には応援に駆け付け、間に合いそうもないときには手を貸す。

そういった仕事は目立たないけれど、実に大事なものである。

逆に、上から目線のアドバイスは必要ない。

「昔はこんなにすごかった」「自分のときにはそういうやり方をした」といったズレまくった自慢話など、この変化の激しい時代に役に立つわけがない。

子育てで大事なのは、子供を頭ごなしに叱ったり、注意したりして、自分の思うように教育することではなく、子供が何をしたいのか、その気持ちに寄り添い、助けが必要なときには後ろからそっと手を差し伸べることだと聞いた。それと同じかもしれない。

前章で取り上げた上村さんは、役職定年のときに、自分はサポートに回ろうと思った、と語っている。それが今、自分ができることだと考え、手が足りないときには「手伝ってあげる」と手をあげ、ミスはそっとカバーし、それがあったら交渉がうまくいくと思えば、その資料を揃えて差し出す。

もう一つ大事なのは、若手社員の育成だ。

せっかく持っている優れた仕事のやり方を、後輩に伝えていく。まるで職人さんの世界だが、それが求められている。

長谷川さんも、松井さんも、「あなたの仕事のやり方を後輩に伝えてほしい、見本になってほしい」と上司から言われ、それを実践しているところだ。

働く側も、定年後の自分ができることをしっかり持ち、アピールする

定年後も同じ会社にとどまるということは、改めて仕事探しをしなくてもいいということだ。

その分のエネルギーと時間を、社内就活、ともいえることに使える。

今、会社はどこに人手が足りないか、どのような人を求めているか、それをリサーチして、自分はその仕事をやってみたいとアピールする。

例えば、○○部門の担当者が辞めるようだ、という話を聞いた。自分はその仕事の経験があるし、実は、その仕事に関連する新しい資格を取ったところだ、というような場合、話だけでも持って行ってみてはどうだろうか。

社内のニーズと、自分の希望が合えば、その仕事ができるかもしれない。

もちろん、再雇用社員に対して、自薦は受け付けていないし、他の元従業員の手前、一人だけの希望をきくことなどできない、という企業も多いかもしれない。

しかし、人手不足の中、再雇用社員は原則、みな契約社員なので、フレキシブルに対応するところだってあるだろう。

または、現在の仕事を続けたいのなら、定年前に、自分はこういう貢献ができると具体的に上司に話をしておくことだ。

前章でとりあげた太田さんは、何通もの企画書を会社に提出しているが、その企画は会社にとってこのような意味があり、自分は○○の役割を果たせるとしっかりアピールしている。

再雇用社員はお荷物なだけ、などという時代は終わった。

これからは有効活用していく時代になることは間違いない。

ということは、チャンスはあるということだ。

再雇用制度が終わったその後も働ける時代がきそうだ

二〇一九年秋の今現在、定年を60歳に定めている組織は多い。そして、その場合、再雇用で働けるのは65歳までである。

また、別の会社で働いていた定年女子たちを、契約社員やパート従業員として雇用する企業は増えてきてはいるが、大手の企業ほど、自社の再雇用社員と同じ65歳で雇い止めにしているケースが多い。

今はまだ、60歳と65歳の間の壁は高いと言える。60歳なら再雇用で残ることもできるし、外でも仕事は探せるが、65歳となると、そのハードルが上がる。

しかしながら、確実に新しい兆候も出てきているようにも思う。

政府は未来投資会議（五月一五日、議長　安倍首相）を開き、希望する高齢者に対し、70歳まで働ける機会を確保することを企業の努力義務とする方針を決定した。

その流れを受けて、今後、定年が65歳に延長される企業が増えると予想される。さらには、定年そのものがなくなる可能性だってでてくる。

そうなった場合、働く側も、60歳になったとき、あと十年というタイムスパンで仕事を見る必要がある。

しかし、仕事人としてのピークはこれまでと変わらないと思う。

今、仕事人としての頂点が50歳前後だとして、定年が65歳、再雇用制度でさらに五年、70歳まで働く時代になっても、そのピークがそのまま一〇歳せり上がって60歳になるとは考えにくい。

とすれば、ピークを過ぎてのちの働く期間が、細く長く続くということになる。

メインの仕事は若い人に任せて、再雇用制度の下で働く従業員は、脇役に回ることになる。

その自覚は持ちつつも、マインドは高く保ち、しっかり仕事をすることが大切だと思う。

また、働くことへのモチベーションだって、若いころとは違ってくるだろう。例えば、健康維持のために働く、とか、社会との接点を持つために働く、ということは、若いころにはない発想だし、それだっていいと思う。

再雇用者について、企業へのリクエストがあります

現在、再雇用で働く大多数の元社員には、大きく二つの枠しか用意されていないように思う。

再雇用者が多く集まる部署にいくか、今までの、定年前までいた部署にとどまるか、のどちらかである。

しかし、前者は、そこでの生産性は期待されていないような、あってもなくてもいいような仕事で、したがって元社員は気楽かもしれないが、モチベーション

をもって働きにくい。

もう一つの選択肢は、今までいた部署である。が、ここでも、役職がないばかりか、そこそこ重要な仕事なども任せてもらえず、従業員からすれば、気持ち的にいたたまれない部分もあるだろう。

そこで――。

社内に公募し、「うちの部署で○○の仕事をする再雇用の人が欲しい」的な旗を立てさせるのである。

誰が欲しい、ではなくて、この仕事をする人を求めている、という旗だ。

それを見て、自分がもし、定年後にその仕事がしたかったら、手をあげる、というシステムを作る。もちろん、競争率が高い仕事もあるだろうから、その場合は、社内審査と面接で決めればいい。

例えば、「北海道の○○支店で、○○ができる再雇用社員を求め中」という旗が立つ。

この、旗が立つ（求人がある）ということが大事である。それを見て、

「自分は東京在住で、ずっと東京で仕事をしてきたけれど、地元は北海道で、親があと一年の命なので、最後の一年間を親元で暮らしたい。この仕事だったら経

験もあるし、週三回の再雇用で働きながら、実家で暮らして、最後の親孝行ができるかな」と思った人が、手をあげる。

交渉成立だ。

それでなくても、今は人手不足の時代である。再雇用の人は60代、子供たちは手を離れ、皆、比較的身軽で動きやすい。ちょっと今までとは違った仕事がしてみたいという願望がある人もいる。

ならば、外で人を探すよりまず、「再雇用者向けの社内求人システム」を作ってはいかがだろう？

第4章

主婦から仕事〜定年女子世代から築くキャリア

かつて、長く専業主婦だった人が仕事に出るとなると、特に中高年の場合は、職種は限られていた。

また、パート主婦一〇三万円の壁、というのがあって、夫が所得控除三八万円を受けられる妻の年収は一〇三万円以下ということになっており、その額以内で働く人も多かった。

それが、二〇一八年の一月から、一五〇万円に引き上げられた(ただし、年収が一三〇万円以上になると、社会保険上の扶養から外れることになる)。

そのことも重要だが、働く主婦が選ぶ仕事の職種についても変化がでてきたように感じる。それも、ここ五年くらいで仕事の幅が大きく広がってきたのではないか。

その理由は、なんといっても人手不足が大きい。

スーパーやコンビニ、小売店、飲食店。どれも今、ずっと主婦だったという理由で断られることはないと思う。

教員免許を持っていれば、産休や育休に入った先生の代わりを務める非常勤の学校の先生の仕事もできるし、企業の事務職や受付業務、などもある。人手不足の企業は、今は専業主婦となっている元社員のＯＧ会を組織化し、昔やっていた業務に当たってもらう、そのような事例も増えてきた。

在宅での仕事も増えているのだが、小さな子供を抱える若い母親たちが在宅の仕事を希望するようになったので、逆に子育てが終わった主婦に対しては、現場に出て働く仕事への需要が高まっていると聞く。

また、主婦が仕事をする動機——経済的な事情、やりがい、社会との接点を持ちたい——に対する理解が広がったこともあると思う。

働く主婦の能力も高く評価されている。

学校卒業後はそのほとんどが就職して実務経験を持っていること。ＰＣなら基本的なことは操作できること。

一家を支え、雑事を引き受け、家族をまとめてきた強さもある。気配りがきいて、常識があって、働き者で、料理など同時進行の処理能力があって、人間関係の難しさも乗り越えてきた。

さて、主婦に働いてほしいとエールを送るナンバーワンは介護業界だと思う。慢性人手不足状態の介護業界は、その人が独身だろうと主婦だろうと、若くても、中高年でも、フルタイムであろうと、パートタイムであろうと、働いてくれる人は大歓迎である。

ひと昔前だったら、定年女子世代の主婦たちは、夫も定年を迎え、子供たちは独立し、介護がなければ、ゆっくりした優雅な時間を過ごしていた。

それを今、仕事に向けているものは何だろう。

ここでは、48歳のときに専業主婦からシェフになった齋藤さんと、57歳のときに専業主婦から保育士になった鈴木さんにお話を伺った。

主婦からシェフへの転身。一三年たっていまだ現役です

◆齋藤弓季《さいとうゆき》さん

長く専業主婦だった人が「やれそうな仕事」ということでいうと、調理という

仕事があると思う。

実際、保育所や介護施設などで、調理師免許を持たないキッチンスタッフとして、パートで働いている50代、60代の女性は多い。

特に介護施設での仕事は、時間との闘いだという。入居者それぞれの健康状態に合わせて、一つのメニューでも、そのまま出す、食べやすいサイズに切って出す、嚥下《えんげ》障害の人のために三ミリ角くらいにきざんで出す、すりつぶして出し汁などでとろみをつけて出す、など調理の仕方が何段階にも分かれており、とても手間がかかると聞いた。

そういった調理スタッフの仕事とは別に、雇われる形で、レストランやカフェで料理人をするという仕事もある。

昔からお料理が得意で、人にも褒められるし、外で食べても自分が作るほうがおいしい、と感じている。私にだってできそう、と思うこともあるだろう。ただ、実際そうやって、主婦から料理人になったという話はあまり聞かない。

いったいどうやったら料理人になれるのだろうか。

主婦からシェフへ。

その仕事をある日突然始めて、十三年も続けている人がいる。

齋藤弓季さん（62歳、既婚、子供三人）は、短大を卒業後、銀行に入社。営業部や人事部で働いていたが、24歳のときに結婚し、相手の両親と金沢八景の家で同居を始めた。

結婚後も仕事を継続していたが、仕事の内容の変化などで悩み、退職した。五年と十か月の銀行勤務だった。その後、妊娠がわかり、二歳違いで女の子を二人産んで、六年後に三人目の女の子が生まれた。

何年か経《た》ち、齋藤さんが40歳くらいのとき、逗子《ずし》に住む実家の父と嫁いだ姉が、相次いで亡くなった。母は、ショックのあまり弱って、一人暮らしが困難になってしまった。

一方で、齋藤家も、子供三人と義父母、七人生活で家は手狭になり、義父も認知症を発症していた。

この八方ふさがりのような状況を突破する手段は何か。

みんなで住めばなんとかなる！

自分が中心となって頑張り、あとはできる人が手伝うことにすればいい、と考えた。夫も積極的に転居を賛成してくれた。

それで、それまで住んでいた金沢八景の家を畳んだ。

そして、逗子の実家を大幅にリフォームして広げ、夫の父と母、子供たちを連れて実家に移り住むことになった。齋藤さんは、自分がメインとなって、義理の父と二人の母の面倒を見ようと思った。

そうして、自分と夫、子供三人、夫の父と母、自分の母という八人の生活が始まった。

高校の教師をしている夫や子供たちはすべてに協力的だったが、今度は義母が脳梗塞で倒れ、入院。退院したものの、それまでしていた夫（義父）の世話は困難となる。

昼間の時間、齋藤さんは義母の通院のための車椅子を押しながら、認知症の義父の世話もして、自分の母と話す時間も大切にして、家事全般をこなしていた。

毎日、八人分のご飯を作った。

しばらくして、義理の父は、特別養護老人ホームに入居して七人暮らしとなったが、忙しい生活は続いていた。やがて、脳梗塞を患っていた義母が亡くなった。

上の娘二人が大学に入り、下の娘が中学生になると、少し時間ができるようになり、齋藤さんは仕事を探し始めた。48歳のときだった。

実家を大々的に改築したそのローンが残っていたし、何しろ、娘たち三人の私立学校の学費もある。食費は六人分だ。

そういうわけでお金が必要で、仕事で生活費の補塡ができれば、と考えたのだ。その時点では、何ができるか、やれるかなど、考えていなかった。新聞の折り込みチラシの求人欄などをみるが、ピンとくる仕事はなかった。

あるとき、昔、一緒にお菓子作りを習っていた時の友人が、こんな話を持ってきた。

知り合いの女性が今度、三浦半島の湘南《しょうなん》国際村の子安の里というところにカフェをオープンするので、キッチンで働く人を探しているというのだ。

興味を持ち、オーナーと会ってランチを食べたが、食事をしながらあれこれ話すのが面接で、それでいきなり採用になった。

友人の推薦があったし、「毎日欠かさず八人分のご飯を作り続けていたなら、大丈夫でしょう」という一言で話は決まった。

仕事からは二〇年以上遠ざかっていたが、あまり深くは考えなかった。「お料理とかお菓子作りが好きだからやれるかな、と思った」という。

仕事が決まった日。

夜ご飯を食べながら「実は、私、湘南国際村に新しくオープンするカフェで働くことになったの。シェフになったの」と言うと、家族全員が「ええっ！」という食卓がひっくり返るような反応。でもそのあと「いいんじゃない」「応援するよ」と言ってくれた。

シェフとはいっても立場はパートで、時給で働くことになる。

五か月の準備期間に、キッチンのもう一人のスタッフが決まり、ホールのアルバイトが決まり、オーナーとメニューをひとつひとつ詰めていった。三崎《みさき》のマグロを使った丼物はやりたいし、釜揚げシラスも使いたい。お味噌汁の味噌にはこだわりたい。カレーライスは、自分が教会のバザーでよく作って好評だった、オーナーからのリクエストであるキーマカレーにしようなどなど。

メニューはまずはできるところから始めて、お客さんが増えるにつれて、その意見も聞きながら増やしていった。デザートなどもいろいろと試して提供していった。

ただ、シェフと言っても、美味しい料理を作るだけが仕事ではないのである。

食材を選んで仕入れる、単価を計算しそこからもうけを出す、などもやらなくてはならない。小規模な店だから、できるだけロスを減らしていきたい。日持ちのするもの、冷凍できる食材を組み合わせて使うなど、考えなくてはならないことは多かった。

一度、ある雑誌の湘南特集でお店が紹介されたら、お客さんが殺到して、完全にキャパオーバーになってしまったことがあるが、そういうことも反省点になった。当時はまだSNSなどない時代だったが、地道にお客さんを増やしていくというのは、本当に難しいと感じたという。

メニューにある料理はシェフの自分と同じように作れる、そんなキッチンスタッフの教育も必要だし、店長をはじめ、他のスタッフとのコミュニケーションも欠かせない。

だんだんお客さんも増えていき、何しろ、ドッグランもテラス席も備えたカフェなので、土日祭日は一日中、休む暇がないくらい忙しい。あまりに大変なときには、家にいる家族の誰かに連絡して、足りなくなりそうな食材を買いに走ってもらったり、皿洗いを助けてもらったりもした。

カフェは、自宅から車で一五分ほどの距離だ。一一時オープンだが、九時半には入り、シェフの仕事をし、五時閉店まで、今度は片づけや仕込みなどで働く。その後自宅に帰って、家族の夕ご飯を作っていた（土日は、長女が夕食を作ってくれる日が多くなった)。それが生活のリズムになっていった。

「最初の数年間は本当に無我夢中で働いて、楽しさや充実感で走ってきましたが、店が大きくなるにつれて、責任感が仕事を続ける力になっていたと思います。プロとしてどうなの、と叱責を受けたりして落ち込んだこともありましたが、オーナーご夫妻の理解と励ましの言葉が支えでしたね」

すごいと思ったのは、オープン以来、冠婚葬祭以外、病気などで店を休んだことがない、と聞いたときだ。風邪もひかなかったという。休みは、定休日の水曜日だけ、そののち週休二日になったが、ずっとそのペースで休みなく働いてきた。

「本当にパワフルな50代でしたね」

そんなハードな生活が一三年続いた。齋藤さんは、62歳になった。

家族で言えば、その一三年間で義父を見送り、子供たちは、社会人となったり結婚したりして独立した。夫は定年となり、新しい職場で働いている。家族みんなが家事を手伝ってくれたおかげで、家のことは楽になったが、その代わり、実母の介護が始まっていた。

そしてお店のほうも、湘南国際村の店を閉店して、逗子駅から近い街中の小さな店で再出発することになった。お店の名前は、Zushi まりん。

もう一つ、お店のオーナーが変わった。齋藤さんの次女がその新しい店を引き継ぎ、新しいオーナーになったのだ。娘は、コーヒーの勉強をし、最近は起業セミナーに出て、インスタを始めたりして、新しい店の形を作ろうとしている。

「私は、経営的なことは元のオーナーに任せてきたけれど、今度は、33歳なりの若いやり方でやればいいいと思う。ただ、その店のウリを見つけるのは、本当に難しいんです。昔からの常連さんにも来てほしいし、若いお客さんも増やしたい」

娘に雇われる形になった齋藤さんは、「これからは、支える側です」という。日曜日は働くけれど、店に出ない日も増やし、母の介護などに時間を使うようになった。

「今まで、お店に行くとスイッチが入ったんです。やる気というか、やるぞスイッチ。ただ、お料理が好きなだけではここまで長くできなかったと思う。まずは、美味しいと言ってくれるお客さんがいて、それに家族が私の仕事を理解してくれたから、家族の協力があったからできたんだと思いますね」

つい先日メールをいただいたが、そこには「今さらですが、調理師免許の試験を受けるため、願書を提出してきたところです」とあった。

齋藤さんの挑戦は、まだまだ続きそうだ。

夫の応援から働く女性の応援団になる。57歳で保育士に

◆鈴木佳子さん

能力も頭の良さも性格もほとんど一緒の、同期入社の二人がいるとする。

一人は独身で、身の回りのことは母親が何でもやってくれる。夕ご飯の用意も、部屋の掃除も、洗濯も、母親任せである。もう一人は、病弱な両親を抱えて、自分は、仕事のほかに、家事も看病も、何もかもやらなくてはならない。

で、どちらが仕事ができるかと言えば、案外、後者かもしれないと思う。なぜなら、その人は、家族のために頑張っているからだ。

仕事をするのは自分のためではあるけれど、人のために働くとき、自分のためよりもずっと力を出すことができる。

例えば、シングルマザーになって、子供のためにがむしゃらに働く、亡き母親の意思を継いで実家の商売を一から勉強する。

そんなとき、女の人は強いなと思う。

鈴木佳子さん（60歳、子供二人）のご主人が亡くなってから六年が過ぎた。

鈴木さんは、大学を卒業後、製紙会社に就職したが、二年後に10歳年上の男性と結婚した。そのとき、自分はこの人が思いっきり仕事ができるような、安心して働けるような環境を作ってあげたいと思った、という。子供は二人、男の子と女の子。夫とは夕食を共にすることはほとんどなく、ほぼ自分一人の子育てだったが、社宅の人に助けられながらの充実した毎日だった。

37歳のときに、夫の実家を建て替えて二世帯住宅にし、義母と同居を始めた。夫が自分の母親を大切に思う気持ちはわかっていたし、いつか同居することも、結婚したときから覚悟していたつもりだった。

しかし、同居後、それまでの生活は一変した。嫁姑の問題と言ってしまえばそれまでだが、義母とは通じ合えず、どうにかうまく関係を築けないかと模索する日々。

ただ、その悩みを夫に伝えることはあまりしなかった。仕事は多忙を極めていたし、それを訴えることは夫を苦しめることとわかっていたからだ。

夫の単身赴任時には義母と子供たちとの暮らしになり、子育ての問題も絡んで、精神的に追い詰められていた時期もあったという。

鈴木さんが49歳のとき、60歳を前にした夫が、「あと四年だけ、働かせてほしい。退職した後は、母はいるけれど、二人の生活を始めよう！」と言ってくれた。続けて、「何かやりたいことがあればやったらいい。やりたいことがあるんじゃないか」とも。

思い返せば、小学校の卒業文集に「将来は保母さんになりたい」と書いたことがあった。だから、「保育士さんの資格を取ろうかな」と言うと、「へえ、それならやってみればいいじゃないか」と言ってくれた。

保育士資格を取る、という目標ができた。

翌年、すでに就職していた長男は家を出てルームシェアをし、長女も就職が決まり、仙台に転勤になった。このままだと、空の巣症候群か、と焦って保育士資格の教材を取り寄せるも、あまりの量の多さにたじろいだという。

52歳になった年、義母が急逝した。その翌月、夫の病気が発覚し、手術をした。

53歳のときには、長男の結婚と、長女の四国への転勤が続き、54歳になったとき、夫は新しい職場を退職し、再び、手術をした。

病床にありながら、「資格を取るとかいっていたけれど、どうした？」と気にかけてくれていたため、受験をしに行ったことは行ったけれど、もちろん、勉強をするような状況ではなかった。

そして、その年の一一月に、夫が他界した。楽しみにしていた二人の生活はかなわなかった。

そして——。

正直、夫の死のダメージがこんなに大きいとは思わなかった。

どうやって毎日の生活を送ればいいか、生きていけばいいのかわからなくなっていたという。

夫と出かけた場所につらくて行けなくなった。ゲームをやって一日中過ごしたこともあった。食事はおざなりになり、体調を崩した。子供たちも、あたたかく接してくれているし、周囲の人も心配して誘ってくれたりもしたが、ありがたく感じつつも、気持ちは上を向かなかった。

みんなが、「好きなことをしたらいい」と言ってくれたので、芝居も、映画も見た。コンサートへも出かけた。アルト笛も習った。シニア向けのエアロビもやってみた。

でも違うと思ったという。「好きなことをして生きていくこと」がプレッシャーになってしまった。

趣味や娯楽で生きることは、自分の性分に合わない。思えば専業主婦のときに、自分は、社会とのつながりが欲しくてもがいていたということを思い出した。

考えてみれば、今まで何かを決めるとき、必ず誰かに同調してもらっていた。自分の判断に自信がない。しかし、今は自分で決めなければならない。

「そのとき、そうだ、夫も応援してくれていた保育士の資格がある。その道を行けばいいいんだと思ったんです」

56歳になり、夫の三回忌を終えるころ、今度こそ本気で、保育士を目指そうと考えた。

保育士の資格を持っていれば、児童館や乳児院など、保育所以外のところでも働けるとも聞いた。子供関連のボランティアをする際にも、その資格があれば自信になる。

もちろん、50代半ばを過ぎて、試験に受かったとしても、自分が希望する働き方を呑《の》んで採用してくれるところがあるかどうかなどわからない。が、やるだけやってみようと考えた。

それに、保育士不足の現状と働く女性たちの悩みについては、様々なところで見聞きしていた。

「大げさと思われるかもしれませんが、私は女性の応援をしたいと思ったんです。夫の応援から、女性の応援団になろうと」

ちょうど、その翌年から、試験が年に二回実施されることになったことも幸いだった。

57歳から受験を始めて、三年間の合格科目受験免除というシステムを利用し、60歳までに取れなければあきらめよう。学校には通わず、CD付きのテキストを買って通信講座で勉強した。

受験勉強は、運動を兼ねて歩いて三〇分くらいの所にあるカフェをいくつか決めて、何時間も粘ってやった。スタバなどで、長い時間勉強する学生の気持ちがわかったという。重要ポイントをまとめたノートや単語帳をハンドバッグに入れてカフェに出かけ、暗記していく……。

四月に第一回の受験、六割の科目で合格し、一〇月に二度目の試験、残りの科目の試験を受けて、どうにか合格した。が、ピアノの弾き歌い、本の語りなどの実技の試験が残っている。そのために、一一月からピアノレッスンにも通った。

筆記試験でつらかったのは、すべての問題がマークシートであるため、目が疲れたことだ。老眼で、ズレてチェックを入れているのではないかと気をもんだ。

それと、試験のときのパイプ椅子。一日中座っている状態で、それで腰が痛くなった。とにかく、57歳の一年間は、受験勉強に明け暮れた。人生これまでにないほど勉強したという。

二〇一七年、一月、まだ57歳だったが、すべての試験に合格した。合格してホッとしたものの、それで終わりではない。

そこから、自分の新たな仕事人生が始まるのである。

就活を始めて二か月弱で、就職先が決まった。研修を経て、見習いとなり、保育士になった。

57歳、もうすぐ58歳になろうとする歳だった。

週三回、朝早くからの時間帯で、一日四時間の勤務、という条件で非常勤で働き始めた。ずっと専業主婦だったから、約三五年ぶりの仕事だった。

周りの人々に、「保育士の資格を取って非常勤で働き始めます」と連絡すると、皆が驚き、喜んでくれたが、「無理しないこと！」「体に気を付けること！」のアドバイスが必ず入っていた。

57歳で新人という鈴木さんを、保育園はごく普通に迎えてくれたそうだ。保育園の一日の流れや仕事の基本について、繰り返し、優しく教えてくれたという。

非常勤の保育士は、保育補助、お散歩、遊具設置と片付け、食事準備の補助と片付け、などなど多岐にわたり、常勤の保育士をサポートするのが仕事だ。

二人の子育ての経験があるとはいえ、当時と今とではいろいろな面で変化しており、ゼロからのスタートである。

元気に動き回る子供たちを相手にして、今までと違う身体の動きに体のあちこちから悲鳴が上がった。それと、一番大変だったのは、六〇名の子供たちの名前を覚えることだった。

常勤のスタッフには、お昼休み以外、ほんの少しのブレイクタイムもない。なのに、それを当然のことと受け止めて仕事をしている。その姿に頭が下がったという。

「自分がやってみてわかったのですが、保育園がこんなに厚く子供たちと関わっているとは思いませんでした」

「本当に子供たちはかわいい。夢かなって、未来ある子供たちの現場にいられることに幸せを感じます」

59歳になる直前、働いている保育園から「常勤になりませんか?」と誘われた。

自分の体力などを考え断ったが、「59歳で常勤か……」とその申し出は嬉しかったという。

この仕事をいつまで続けられるかはわからないが、今の職場で、できるだけ長く、働きたいと思っている。

しかし、体調に異変を感じたり、身体の動きに困難が生じたら、子供たちの安全のため、スタッフに迷惑をかけないために辞める覚悟はできているという。だからこそ、毎日を大切に勤務している。

鈴木さんが保育士になったのは、きちんと生きている姿をみんなに見せたいという思いがあったからだ。

「二人の生活を始めよう、という夫の言葉は、専業主婦卒業を告げてくれていたようにも思えるんです。私はあの時の言葉に救われ、新しい道を夢見て歩き始めることができました」

＊　＊　＊

働く女性の有名なM字曲線。女性は学校を卒業後に社会に出て働くが、結婚や出産、子育てでいったん仕事を辞めて家庭に入り、子育てが一段落した30代後半や40代初めに仕事に復帰する、そのカーブである。

しかし、ブランクがあった分、M字の右側の部分、再開後の仕事の条件は悪くなり、職種が限られたり、待遇が悪くなったりするのも仕方ない、と捉えられていた。

また、仕事を再開するのであれば、一昔前であれば35歳までがマスト、今でさえ、少なくとも40代の前半までに、という社会的な認識もある。

そんな認識の下、専業主婦も40代の半ばを過ぎると、「もう　社会復帰は無理でしょうね」とか「今さら、いい仕事があるわけないし」とはじめから諦めていた人が多かったように思う。

また、更年期障害がでてきたり、親の介護をどうしようと考え始めたりして、仕事はしてみたいと思っても、その年齢から仕事を探そうとする人は少なかった。

しかし考えてみれば、専業主婦だったその期間が、子育てに一生懸命だったその長い時間がどうして、仕事をする上での障害となるのだろう。

実務経験のブランクなどは、このIT化の時代、一定時間の訓練で取り戻せるのではないか。むしろ、複雑な状況を飲み込み、適正に処理し、まじめに働いていく能力は、仕事を続けてきた人と何ら変わることはない、と思っている。

専業主婦としての仕事が一段落した、という意味の新たな定年女子。

40代後半から50代にかけての仕事復帰は、お二人の例を見ても、真剣かつ前向きである。

この世代の専業主婦は、人材の宝庫であるし、今後が楽しみである。

第5章

新しいことに挑戦する定年女子

同じ会社にとどまらず、定年で、あるいはもう少し早く会社を辞めて、新しい道を踏み出そうとする女性たちがいる。

それは、新しい職場だったり、自分で起こした新しい会社やお店だったり、他から頼まれた仕事だったり、ボランティア活動だったりするが、目の前にあるのは、期待半分、不安半分というところだろうか。

そして、実は、会社はきっぱり辞めても、新しいことがはっきり決まっている定年女子は、とても少ないということもわかってきた。

候補はたくさんある中で取捨選択しながら、「これは違う」「これならできそう」と絞っていく感じの人のほうが多い。

いろいろお話を伺っていて、実は、このプロセスがとても面白かった。

なので、この章では、その後の仕事の内容というよりは、そういった迷いの部分を絞り込んでいくプロセスを、むしろ大きく取り上げさせていただいた。

とはいえ、定年近くまで仕事を続けてきた人は、それなりの勝算というか、やり方というか、目の付け所というか、手順というか、そのようなものが身についている気がする。

新しい仕事にも、これまでの経験を無駄にすることなく、それに独自の手法を取り入れて取り組んでいる。

彼女たちは、まず自分でシナリオを描く。

自分で演じてみる。

時として自分で観客となって演じている自分を客観視する。

そこで足りないことはないかを把握し、付け加えていく。

試行錯誤を繰り返した結果、これはいらない、これは残しておく、というものもはっきりしてくる。

そうやって、いつの間にか、ピンポイントで着地しているのだ。

将来は、故郷へ帰ってカフェをオープンしたい

◆高山朋子《たかやまともこ》さん

以前、『定年女子』で定年男女からアットランダムに話を聞いたとき、会社を定年退職した後の独立で、大変そうだなあ、と感じたのが、コンサルタント事務所をいい場所にオープンする、ということだった。

一流会社に在籍していて、英語もペラペラで、まずまず出世もして、という人ほど、実は次の仕事が見つからなかったりする、ということもそのとき感じた(もっとトップまで上り詰めると、次の仕事は用意されているのだが)。

きっとその人は、運も、能力も、努力もすべて総動員し、様々な犠牲も払い、そこまで出世したのだろうし、その人たちが辿《たど》り着いた組織のピラミッドの上のほうはとがっていて、面積も少ない。

その面積の少なさが、そのまま、定年後の仕事の少なさにつながってしまうようだった。

一昔前なら、企業が責任をもって、子会社や関連会社に、ある程度のポストを用意したのだろうが、今はそういう時代ではなくなっている。

とはいえ、プライドも高く、ただの事務とか、そのような仕事はできない。経済的には困っていない。

結局、退職後は独立する方向で考えている人が多かったが、その内容は、自分の今までの経験やビジネスのノウハウを、それを必要としている人に教えるというものだった。

コンサルタントをやる。もちろん、お金を取って。

そして、そこが、最も難しい点だった。

事務所を借りたりすると、その経費もかさんでいく。結局、いつの間にか自然消滅、というケースも多かったように思う。

高山朋子さん（55歳、独身）が、定年を待たずに会社を辞めた理由は二つある。

一つ目は、50代で、やりたいことをやっておかなくちゃ、という思いで、それは、海外、特にフランスに住むことだった。どうせなら留学しようと考えた。

二つ目は、定年後再雇用で働いている男性社員の様子をみてきたからだった。

現役時代バリバリ働いていた上司たちも、ひとしく再雇用の枠にはめられて、こぢんまり老け込んだ印象の人が多かった。

「定年になり再雇用で残っている社員は、座っているのが仕事、みたいな感じかな。九時半から五時半まで席に座っているんです。私の会社はそこそこ儲《もう》かっていたから、再雇用でいただける給料は、外で探す仕事よりは多いと思う。でも、責任ある仕事はないんです。

会社全体をみていると上が詰まっているから、内容のある仕事は若い人に回す。当然、再雇用の人は決定権のない立場で、サポート役ということなんですけれど、若い人はそのサポートを望んでいないと思うし、実態が伴わないんですね」

「私は、たぶん、そんな状況で五年近くいるのは耐えられない」

「そして、その仕事だって65歳で終わりなんです。そのあとはどうするの？　と思った」という。

「しかも、まだ再雇用人数のある程度いる男性はともかく、女性の先輩となると、数の少ないこともあり、独りぼっち感も漂ってくる」

だから、50歳のときにすでに、自分は定年まで会社にいてその後も再雇用で残るという道はないな、と思っていたという。

高山さんは、バブル入社世代だが、大学を卒業後は、広告代理店に勤務した。マーケティング部、広告営業、販促企画といろいろな仕事をしてきたが、20代の後半に転職した。英字新聞の求人欄を見て外資系のブランドに応募し、採用された。

新しい会社では、広報やマーケティングの仕事をし、雑誌のタイアップやプレスキャラバン、商品企画など様々のことを経験した。

そして40代の前半に、少し前までいたアパレル会社に移った。販売促進、プランニング戦略などを幅広く担当し、役職にも就いた。

どの仕事もメディアと関連し、マスコミに知り合いも増えていった。何かを仕掛けていくことで扱うブランドの知名度をあげ、顧客を増やし、結果、売り上げに貢献することに魅力も感じていた。

しかし、50代前半くらいから、少しずつ新しい分野の仕事は減り、自分にとってチャレンジとなる面白いことはやれない、今後はよくて現在の仕事を続けるだけ、と思うようになる。「ずっと、今のまんまなんだなあと思ったんですよ」

これまで何度か転職してきたのも、新しい環境でやったことのない仕事、未開拓の分野に挑戦することに魅力を感じたからで、だから、その会社でも異動願いを出そうかと考えたこともあった。

しかし、もうすぐ辞めると決めていたのに、「あと五年頑張ります」とは言えないこともわかっていて、もうこの会社での仕事はやりつくしたかな、と退職を決心した。

「私は、今までは、次の就職先を決めたらそれまでの会社を辞める、また、次を決めたら辞めるという繰り返しだったんです。とても計画的だったけれど、今回初めて、先のことは何も決まっていないけれど会社を辞めました」

「仕事で忙しそうに道を行きかう人々を見て、ああ、私はもうサラリーマンになることはないんだなあ、と思うとちょっと淋《さび》しい気持ちになり、とても感慨深かったです」

でも同時に、「あなたはあの席に戻りたいですか?」と自問すると、答えはノーだった。

それで、二〇一九年春に、50代半ばで退職した。

上司に辞めます、と辞表を提出した後に、ふと、定年ってこういうことなんだな、と感じたという。自分で決めたことではあるが、退職してから何をしよう、どういう毎日になるんだろう、と考えてしまう。

もちろん、これからの自分に対して不安はあった。

「今までは、異動ですよ、と言われれば、はいわかりました、と敷かれた道を歩いてきました。自分で転職は決断してきたけれど、それさえ、助けてくれる人がいて、この方向でという道筋は既定のものだったように思います。白紙の人生を、自分がプランを立てて決めていく、ということはなかったです。でもこれからは、すべてのことが自分自身にゆだねられているんですね」

先のことは何も決まっていない、ということだったが、決して行き当たりばったりではなく、なんとなく道は見えているという。そして、それを実現するために必要なこと、するべきことを考えながら、暮らしている。

まずは、お金のこと。40代のときに購入した都心のマンションのローンは、退職金も入れてすべて返済した。

それから、やり残したこと。50代のうちに、昔から憧れていたフランス留学をしたいと考え、現在、フランス語の講座に通っている。留学期間は未定だが、フランスの地方都市で勉強し、ホームステイをしたいと探している。

そしてその後は、ふるさとの岡山に帰って、実家で両親と暮らし、好きな料理に関係した店を開きたいと計画している。

カフェでもいいし、サンドイッチ屋さんでもいいし、たこ焼き屋さんでもいいし、ハンバーガー屋さん、でもいい。どんな形態の店にするかは、そのときの流行や、自分のやりたいことや、やれることや、地元のニーズや、そのようなことで決まっていくと思っている。

両親と同居するに際して、資金を半分負担して、古い家を建て替え中だ。同居と言えども、自分の部屋を思い切り広く取り、独立性を持たせている。

岡山に帰ると決めたのは、もし、東京で、50代半ばという自分の年齢で何か新しい事業を始めるのは、資金的にも体力的にもきついと考えたからだ。

東京で、店舗用の不動産を借りて店を始めるのはリスクがありすぎるし、両親と一緒に新しい暮らしを始めるのも悪くないと思っている。

「私の場合、会社を辞める、自分で何かやる。東京は無理、その三点はすべてセットですよ」

高山さんの実家は、住宅地にあり、店をやるという立地ではない。だが、親戚の家は、一階部分を改装したらお店になる感じなので、まずはそこでお金をかけずに小さく始めるのもいいかなと思っている。その親戚に手伝いも頼めるだろうし、家賃も格安でできそうなので。

「あるいは、古民家を一軒ドーンと借りて、店を始めても面白いかな」

開店資金は、手持ちでもなんとかなるが、東京のマンションを売ればかなりの間、暮らせそうだ。東京へは、年に一度くらい、同窓会の出席を兼ねて上京する、そこで友人に会うくらいの頻度でいい。

とそこまでプランをまとめ、今は、語学学校へ通うなどフランス留学の準備をしながら、新しくやる店の構想を練るために、同じように会社を辞めて、レストランやパン屋を開いたという人たちの話を聞いて回っている。

店舗経営に役立ちそうなセミナーや食の学校も見学に行った。

「私の場合は、パンが好きで好きでパン屋をやりたい！　というんじゃない。そこは弱いですけどね」

フランスから戻ったら、しばらく東京でアルバイトをする予定だが、事務の仕事などはやるつもりはない。飲食店かカフェの会社などで実地の勉強も兼ねて働いてみるつもりだ。

「新しいことを知ることは、とても楽しいですよ」という。

目標は、儲けることではなく、長く続けられることである。

「おばあさんになるまでやれること、それを見つけたいですし、見つけたらそれを作り上げていくのが楽しそうです」

一年ほど前、六本木ヒルズで、一年後の自分に手紙を書こうという企画があって、書いてみた。

「一年後には会社を辞めているはずだから、あなたは何をしているでしょうね……」と書いた。

今、考える時間は山ほどある。自分自身を見つめ直し、人間らしい生活をきちんと送っている。冷蔵庫を整理し、部屋を掃除し、快適な日常を手に入れた。

「会社を辞めたらいろいろなことをやろうと思ったけれど、案外、平凡な毎日を送っていて、それがとても新鮮です」

一見ふわふわ漂っているようで、その中身は、実に的確・現実的、きちんと計算しながら道を一歩一歩進んでいる感じがした。

ビールの営業から、地元のシルバー人材センターの理事に

◆成島和子《なるしまかずこ》さん

仕事における人脈とは何だろう。

それはたぶん、名刺の数ではないし、地位が高い人をたくさん知っている、ということでもないと思う。

自分のことをよくわかってくれていて、何か仕事があったら「そういえば、こんな人がいる」と思い出してくれる人。面倒がらずに仕事の悩みや希望や、そんな話を聞いてくれる人。自分の仕事ぶりを評価してくれていい助言をしてくれる人。そんな人が周りにたくさんいるということではないだろうか。

そのような状況にもっていくには——。

メールでも手紙でもいいからマメに連絡を取ったり、時間を取って会ったり食事をしたり、その後のフォローもちゃんとしたり、その人がした話を覚えていたり、相手の印象に残ることを自分が言ったり、というようなことの積み重ねかもしれない。

自分の働きぶりを見せることができれば、なおさらいいかもしれない。

定年女子の会社を離れてからの仕事は、この人間関係がとても大事になってくる。

成島和子さん（68歳、既婚、子供三人）は高校を卒業後、茨城県にあるキリンビール取手工場に、その第一期生として入社した。職場は創業期の活気に溢《あふ》れていたという。

「みんなでやってやろう、この工場を盛り立てていこう、って勢いがすごかった。毎日面白くてたまらなかったですよ」

製品課で、洗ビンとビン詰めの工程を担当し、その作業を指導するリーダーになったが、24歳で職場結婚し、会社を辞めた。成島さんは昭和二六年生まれだが、女性の結婚退職は当たり前の時代だった。年子で子供が産まれ、しばらくは子育てに忙しかった。

子育てが一段落した20代後半に仕事に復帰した。農林水産省の臨時職員になって七年弱働き、その間、三人目の子供を出産し、そのあとは、郵便局で三年間働いた。

成島さんの30代は、仕事と子育て、そして、資格を取るための勉強に明け暮れたという。調理師免許、簿記、医療事務、交換手、無線、などなど、毎年のように新しい資格を取り続けたそうだ。

「自分の可能性を試してみたい、って常に思っていました。でも、今じゃどれも、ペーパードライバーみたいな資格になってしまったけれど」

38歳のとき、キリンビールの茨城支社で、外回りの営業のアルバイトとして、再スタートを切ることになった。

店を回って新商品のビールやワインなどを売り込み、売り場づくりや販売も手伝うという仕事だった。やがて扱う商品も主力のビールにかわり、成績が数字に出る営業の現場で少しずつ実績を積み重ねていった。

雇用形態も、アルバイトから非常勤社員になっていたが、その後、外回りの人たちの系列会社が立ち上がり、54歳のときにその新会社の社員となった。

成島さんの仕事は、茨城県のある地域を担当し、小売酒店や大手スーパー、飲食店などを一軒一軒自分の運転する車で回りながら、注文を取ってくることだった。スケジュールを組むのも、営業もすべて一人、それが合っていた。

「行く先々でのお客さんとのやり取りが楽しかったですよ。地域差も感じたし、店によって注文もガラッと違うんですよ。『新しい商品、まだ出ないの？』といつも聞いてくるお客さんもいれば、『うちは○○だけでいい』と、頑固に一銘柄だけというお客さんもいてね」

ただ、今、思い出しても大変だったのが、真夏の炎天下、駐車した車の中の暑さて、これだけは最後まで慣れなかったという。夜に星をみながら帰宅して、「これからご飯の支度か。男の人はいいなあ、仕事から帰ったら何もしなくていいんだもんなあ、って何度思ったか」

その仕事についた三〇年前にはまだ手書きの時代だったが、やがて営業職でも、PCにデータを打ち込むようになっていた。だから、昼間は営業の仕事をして、夜に、自費でパソコン教室に通った。三人の子供を育てながら、家事もしながら、である。

社員になってから三年目に、本体のキリンビールの社員登用試験を受けた。成島さんは、すでに定年間近だから、試験に通る見込みはなかったが、でも一応受けてみた。「みんなの競争を知っていたほうがいいかな、と思ったんです。だから、成島さんは受けないでしょ、と聞かれても、いいえ、やってみたい、と言って受けて、やはり受からなかった」

58歳になったとき、「もうやり切った、悔いなし」と思った。試験に落ちると三年で終わりだし、ここで辞めて、若い人に譲ったほうがいいと感じたという。

退職後は、半年間、ぼーっとして過ごした。

「これからどうしようかなって悩みましたね。このままでいい？　やっぱり仕事に行こう」と決めたという。

それで、59歳六か月で（今は60歳から登録可能）、つくば市のシルバー人材センターに登録した。

事務職として登録したが、最初の仕事は、たばこのポイ捨ての実態を調べる仕事だった。何人かでチームを組んでポイ捨ての実情を調査したが、すごく楽しい経験だったという。

その後は、ある会社の受付の仕事を継続してするようになった。受付の仕事は会社の顔なので、緊張感をもち、仕事に励んだ。

やがて、60代前半に、受付の仕事とは別に、そのシルバー人材センターの広報委員としての活動を始めることになった。

「なぜ、広報の仕事をやるようになったのですか？」と尋ねた。

「もちろん、やってみないかと誘われたんですけれど、それはたぶん……」

自分は、子供たちの学校のＰＴＡの役員を長くやっていたり、つくばくらしの会という名の消費者団体の副会長も一〇年近くやっていて、公的な仕事には慣れていたし、地域に幅広い人間関係を持っていたから、と答えてくれた。

66歳のときに、シルバー人材センターの理事に推挙され、面接を受けて就任した。つくば市シルバー人材センター始まって以来の、一四人中ただ一人の女性理事である。

とはいえ、理事としての仕事は、会議に出て発言するだけではない。

人材センターに関わって以来ずっと手伝っていた、春と秋にやる健康診断の受付は今でも自分が担当している。人材センターに登録してくれたもののずっと未就業状態の高齢者がおり、彼らの家庭を訪問して話を聞いたりもしている。当初紹介された、企業の受付の仕事だって、週に二、三回に減りはしたものの、まだ続けている。

そして、今度、女性活躍委員会を立ち上げた。セミナーを企画して意見を募り、地域の女性が、それも高齢の女性がもっと活躍できるような土壌を作りたいと考えている。

この夏、つくば市のお祭りの際、女性活躍委員会によるバザーで、シルバー人材センター会員の手作りの布小物など約一〇万円を売り上げた。会員の達成感はすごかったという。

さて、シルバー人材センターに登録して仕事をする女性たちは、主に三パターンに分かれるそうだ。

生活のために少しでも多くの収入を得たい人。また、家にずっといると夫と喧《けん》嘩《か》ばかりするし、週に二、三日働いて、おこづかいを稼ぎたい人。そして、みんなで楽しく何かやれればいいし、そのために登録している人だ。

また、今までの慣れた仕事をしたい人と、今までやったことのない仕事をやってみたい人にも分かれる。

「慣れた仕事では、若いころパートでやっていた地元のスーパーの仕事を、65歳過ぎてまたやってみたいという人がけっこういるんですよ。それで、シルバー人材センターが仲介して、彼女たちが元の職場に戻れるようにスーパーと交渉したりもしています」

何かを見つけて動くことが好きだという。誘われれば、あまり断らない。そうしたら自然に、身の回りに、仕事や、ボランティアや、仲間たちが集まってきたという感じ。

「人間関係をつないでつないでここまできました。性格もあるけれど、連絡は密に、年賀状は書く、お中元とかお歳暮も欠かさないんです。今どきお中元なんて、って言われたりもするけれど、お礼の電話をもらうとか、そういうときにお話ししたりするのもチャンスですよ。人とのつながりが、そうやって広がっていくんです」

キリンビール時代、仕事で知り合ったある酒屋のおかみさんは、「私の師なんです」

師もいるが、自分の応援団もいるようだ。

シルバー人材センターの理事の任期は四年、成島さんの場合は70歳までである。その間、この地域で働く60歳以上の女性たちをできるだけ世に出したい。そして理事が終わっても、何らかの形で75歳まで仕事は続けたいと考えている。同じ年に免許を返納する予定だ。

「今、表舞台で働けることに感謝して一生懸命やっています。こんな歳だからってチマチマしてたって仕方がない。自分が思うままに生きるしかないんですね」

NPOとベンチャーと市民団体と、同時進行で楽しむ

◆山中睦子《やまなかむつこ》さん

まっさらの状態でボランティアなどを始めようと思ったとき、とっかかりはど

うしたらいいのだろう。

興味がある分野の活動をしているところで話を聞いたり、ちょっと見学させてもらう、臨時で参加させてもらうなどして、できることから、身近なところから始めるのが正攻法のやり方ではないか。

いきなり、大々的に活動している団体などに入会しても、組織はがっちり出来上がっていて、有名ベテラン会員は大勢いて、自分の役割が見えてこないそうだ。まずは身近なところで仕事を始める。実績を作っていく。発言を重ねていく。認められる。そんな積み重ねかもしれない。

考えてみれば、仕事も同じである。私は、大学卒業後、出版社で編集の仕事に就いた。はじめは先輩のお手伝いをしながらひたすら学び、自分でページを持たせてもらったのは一年後。白黒の二ページ、そしてカラーの三ページ、というような流れだったと思う。

仕事で独り立ちできたかな、と思えたのは入社三年目くらいだろうか。

山中睦子さん（62歳、既婚、子供一人）は大学卒業後、政府系機関に就職した。国際協力の道に進みたくて選んだ就職先だったが、総務部長に呼ばれ、「お茶くみをしないなら辞めてもらう」と言われたという。男女雇用機会均等法ができる前の時代のことである。

しかし、大学時代に出会った男性のフランスへの社内留学が決まり、山中さんは、就職して二年目に結婚、退職した。フランスで二年間暮らし、フランス語も、話しているのを聞けばわかる程度に修得した。

帰国後、山中さんはフランスの会社の日本支社で五年ほど働いた。その会社での仕事は楽しく、自らの成長を感じることができたが、そのとき所属したのが購買・調達の部門で、その分野の仕事を、その後、会社が変わってもずっとすることになっていく。

30歳になったとき、夫がアメリカに転勤になった。期間は四年、だったら、転勤族の妻で過ごすより、大学院で勉強して、将来の仕事にもつかえるＭＢＡ（経営学修士）を取ろうと決めた。ＭＢＡを取得し、アメリカで出産もした。

34歳で帰国して、ある外資系の企業に勤め始めた。

仕事先はどうやって探したのですか？ と聞くと、「日経新聞の求人欄で探したと思います。今は違うかもしれないけれど、昔は、新聞の求人欄は頼りになったでしょ」とのこと。

そこから、約二五年弱、外資系ばかり四社で働き、ずっと購買と調達を担当し、二番目の会社からはその責任者、本部長になっている。

外資系企業だから、数値目標に追いまくられ、本社からコスト削減を強いられるなどして大変だったし、外資系ならではの本社と日本支社との板挟みに苦しんだこともあった。

とはいえ、専門性の高い仕事で実績を積み上げ、経営に近い立場でやりがいをもって仕事ができたと実感した。だから、夫が会社を辞めるタイミングに合わせて自分も会社を辞めることとしたのだが、その判断に迷いはなかったという。

山中さん、58歳のときである。

そこから、山中さんの新しい人生が始まることになる。

仕事を辞めてみて感じたのは、「私が何もしなくても、社会は回っているんだ」ということだったが、仕事をしていたときには、会社のために投入していた力を、これからは、社会のために使う、社会に恩返ししたいと考えた。

まずは、身近なところからと、子供の保育園などでお世話になった今住んでいる地元への貢献を考えた。

といったって、どうすればいいのかわからない。

一年目は、区報を穴のあくほど見て、講演会などに出かけたが飽き足らず、二年目は起業家塾に通ったという。終わった後に主催者などと話をしてちょっとずつ人の輪を広げていき、公募しているものがあれば（ほとんどが作文だったが）応募してみた。

その結果、自分の意見が採用されるなどして、男女平等・共同参画審議会の委員など、いくつかの区の役割を担うようになった。

また、ボランティアについては、国際交流と女性支援の二つの柱を決めて、地元団体などから始めて手を広げていったという。そのやり方は、地元の団体に参加して活動実態などの感触をつかみ、だんだん役割を担うようにして、情報も得て、他団体の活動にも顔を出してみるという流れである。通訳と翻訳、小学校や中学校での教育支援、外国人向けの防災や文化交流イベントの開催などの活動も続けている。

しかし、ただただ役割を増やすのではなく、ボランティアであれ、審議会であれ、市民団体であれ、随時、それぞれ自分の尺度で、活動の見直しをしている。

自分の考えている方向と違ったり、一人のベテラン委員が仕切ってほかの人の意見があまり反映されないようなところ、自分の関与が期待されていないと判断したところなどは、活動を減らしていくことになった。

とはいえ、そうやって活動を始めて数年が過ぎると、知り合いも増えるし、あちこちから声がかかるようになってきた。ボランティア団体同士の交流も頻繁だ。いつの間にか、継続して参加している活動だけで、二桁をこえるようになっていた。

が、その全部に均等に時間や労力を振り分けて満足、というよりは、もっとやりがいのあることはないかといつも模索している状態だったという。

それが、三年目にしてようやくこれだ！　という方向が定まってきた。自分が立場を得て、エネルギーを注げる二つの活動に出会ったのである。

一つ目は、あるＮＰＯ団体の理事である。最初はボランティアとして業務支援などをしていたが、発言やアドバイスを続けるうちに要請を受け、理事に昇格したという。

若手アーティストの支援や、被災地支援、海外の団体が日本で活動する際の連携、など多方面にいろいろ活動を展開しているＮＰＯ団体だ。

そこでの山中さんの仕事は、財源を確保して事業を健全に展開すること、新しい海外交流事業を成功させることだそうだ。

もう一つは、ボランティアとは違うが、自分の息子と同じ年の若者が社長をやっているベンチャー企業の役員としての活動である。今までのビジネス経験を生かして、海外出張にも同行し、ビジネスが軌道にのったあかつきには、さらなる貢献が求められている。

この二本の柱ができて、山中さんは精神的に落ち着いてきたという。

「仲間と一緒に汗をかく喜びをかみしめている感じでしょうか」

今まで、仕事仕事でずっと来たから、自分の役割がはっきりしないとイヤだし、かといって、現役時代のように、自分で責任を取るかたちで毎日ストレスを抱えて働くのもつらい。

「この形が、今のところちょうどいいです。ベンチャーでも、ボランティアの仕事でも、最近はテレビ会議をやるんですよ。部屋に、主人と二人の予定表が貼ってあるんですが、私のほうが真っ黒に埋まっているんです」

今は、ほとんど夫が食事を作ってくれている。

子供が高校生になったとき、弁当を持っていくことになり、自分が作って持たせたが、三日目からもういいと言われて、それから卒業まで弁当作りは夫の担当になった。以来、夫はぐんぐん料理の腕をあげている。

「今でも息子は、僕はおふくろの味を知らない、って言うんですよ」

本当に忙しそうだ。区の委員、ＮＰＯとベンチャーの役職を担い、月に一〇回くらい、関係する団体の会議に出席している。三枚の名刺を使い分けて活動している。

取材も、はじめはスカイプやラインを使ってのテレビ電話で、というリクエストだったが、私のほうが「いや、それはちょっと……」とビビった。

編集者から、実家の旅館の若女将になった

◆武居《たけい》瞳子《とうこ》さん

定年女子の新しい仕事は、普通は、ちょっとペースダウンすることが多い。前職よりは歳もとっているわけだし、体力だって衰えているし、少し生活に余裕も欲しい、という感じだと思う。

ところが、ペースダウンどころか、あるときを境に怒濤の毎日、超多忙な日常に投げ込まれた人がいる。

編集者から、実家の旅館を継いだ、ちょっと若い定年女子の話である。

武居瞳子さん（52歳、独身）は、大学を卒業後、出版社に就職した。一年だけ、販売部に属し、書店営業に回った。

その後は、雑誌の編集部に移り、女性情報誌と若い男性向けの週刊誌を担当したあと、本の編集の仕事に就くことになる。

本の編集はとても性に合っていてやりがいもあったが、30代前半に、別の出版社に転職した。若い女性向けの本など、そこでもたくさんの本を担当して、30代の後半にまた、別の出版社に移った。

どの出版社でも、本を作り続けたが、出版業界は右肩下がりで推移し、平成の大不況のあおりも受けて変革を迫られている時期でもあった。

武居さんは長野県の出身、実家は、「信州しもすわ温泉ぎん月」という旅館を営んでいる。

三人きょうだいの長女だが、旅館は弟が継ぐことになっており、弟は大学卒業後、東京の割烹《かっぽう》や料亭で板前の修行をしたのち、地元に戻っていた。

30代半ば頃からふと、自分は、この先も東京で編集の仕事を続けるのだろうが、でもそれが終わったらどうするのかな、と漠然と思うことがあったという。

自分は東京出身じゃない。今は楽しく仕事はしているけれど、会社員だから、いつかそれも終わりが来る。結婚もしていないし、東京で終生暮らすつもりもなかったから、終《つい》の住処《すみか》としての住居も得ていない。そうしたら、どうやって身を立てて定年後を暮らすのかな、などと考えたりもした。

そのときのために、自分の仕事についても新たな展開を考えていかなくちゃ、とは思っても、日々の仕事に追われ、編集長という責任ある立場にもなり、具体的にどうする、などは思い浮かばなかった。

そんなある日、旅館の経営を巡ってのことで、弟が家を出ることになったのである。

旅館をどうやって運営するのか、実家の両親と連絡を取る毎日。妹もいるが、医者だから、彼女は仕事を辞めることはできない。自分は会社員だし、辞めてもどうにかなる。

「旅館を自分たちの代で閉めることにしたらどうか」という話を両親にしたりもしたが、「長らく地元で老舗《しにせ》としてやってきた旅館であるがゆえに、それは忍びない」という親の気持ちもわかる。最後は両親からの「戻ってきてほしい」との要請で、実家に帰ることにした。

私が、旅館をやる。

引継ぎなどもあり、すぐに会社を辞めることはできなかったが、六月に決めて、同じ年の一一月に実家に帰った。

武居さん、40代後半の、50歳手前の一大決断である。とはいえ、

「そのときはなんとなく、私が一〇年やって、そのあとはまた弟に託し、自分は表舞台からは退くのかなあ、なんて思ってたんですよ」

一一月の帰郷、ゆっくりこれまでの仕事人生を振り返っている余裕などなく、いきなり若女将としての仕事と生活がスタートした。

実家が旅館だったから、両親のやることや仕事の流れなどは、子供のときから見ていた。

が、見るとやるとでは大違い。はじめのころは、失敗も多く、慣れなくて大変だったそうだ。それでも、現場に出てしまうと、考える間などなく、身体を動かさなくてはならない。

畳に膝をついての配膳などしたことはなく、身体も悲鳴をあげた。

「仕事が大変なのも、肉体労働であることも承知していたんですけどね」

以前の編集者時代の仕事のペース、じっくり企画を練り、著者との打ち合わせを重ね、一冊の本に仕上げていくプロセスと違い、とにかく日々、忙しい。常に動いているし、電話はかかってくるし、従業員に指示を出し、お客さまの出迎え、送り出し、案内、配膳の手伝いなど、本当に休む暇はない。

休日もない。

武居さんは今、旅館から数分の距離の家に一人で住んでいるが、朝七時には旅館に着き、そこから一日が目まぐるしく動き、夜、いろいろ片付けたりして家に戻るのは、毎日二三時近くだという。

毎日一六時間、旅館にいる。

もちろん、中抜けしたりするときもあるが、休憩時間が取れれば、ほとんど寝ているそうだ。寝ているといえば、この仕事を始めたばかりの頃、家でちょっとだけ休むつもりが、一四時から一八時ごろまで爆睡してしまい、母親がやってきて「何やってるの！」と怒られたことがあった。

そんな激動の変化と日常の仕事に少し慣れてくると、今、日本旅館が抱えている問題なども見えてきたという。

「日本旅館の一泊二食付きという宿泊形態は、実はワールドスタンダードではないでしょう。泊と食の分離、ということだって、将来的にはあるかもしれませんよね。それと、旅館は年中無休なんですが、定休日を作るってどうでしょう？そんな旅館があってもいいんじゃないかと思うんです」

「今、お掃除には、日本人の男性と結婚して日本に定住しているフィリピンの女性が来てくれていますが、彼女たちは、海外のホテルでの仕事経験もあり、英語もできて、インバウンドのお客さまなどとも、うまくコミュニケーションが取れると思うんですね。この人はこの仕事だけを担当するなどと型にはめずに、個々のポテンシャルを生かし活躍してもらいたいと思っています」

「今後は、こんなサービスもあんなサービスもやります、ではなくて、『これはやらない』とやらないことを決めて、時代に合わせて変わっていかなければ、これからの旅館の経営は成り立たなくなると思います」

などと、日本旅館が抱える新しい課題について、熱く語ってくれた。

そういった考えを少しずつ、実現もさせている。

もちろん、古き良き伝統は、とても大事にしている。四季を取り入れた行事やしつらえ、お料理に、季節の移ろいを感じてもらいたい。

武居さんは、編集者時代も日本文化を扱った本を何冊か出していたが、〝歴史に詳しい若女将〟として、近くの諏訪大社《すわたいしゃ》にお客さまをご案内するときなど、その経験が役に立っているという。

最近、弟が「二十四節氣《にじゅうしせっき》　神楽」という自分の店のほかに、旅館の料理をプロデュースしてくれているという。もう少しすると、妹が近くの病院に移ってくることになっている。

「うちら三兄弟、みんなハードワークだよね！」と笑い合っているそうだ。

楽しいのは、お客さまと接点を持つことで、若いお客さまの悩みを聞いて相談にのったりすることもあるそうだ。

「お客さまには、一日でもいつもの日常じゃないところに身を置いてくつろいでいただき、来てよかったな、と思ってもらえれば」

ゴルフ練習場の清掃スタッフから支配人に

◆山本《やまもと》 桂《かつら》さん

若い人が、就職した会社をすぐ辞める理由のひとつは、「思っていたのと違った」というものだそうだ。

その意味は、会社の雰囲気もあるだろうが、それよりは、自分への期待が、想定していたレベルより低かったり、与えられた仕事が面白くなかったりするということがあると思う。

「自分は、面接のときに、商品開発をしたいと希望したんですけど……」と、上司に直訴したりすることもあると聞く。

まだ、仕事というべきことは何もしていないような入社したての若者が、自尊心ばかり膨らませて、結果、実績を残せずフラフラしてしまう。

まずは、ここで頑張ってみよう、と覚悟を決めて仕事をするよりは、自分に向いている場所を探す、探し続けるという感じだろうか。

山本さんのお話を聞いていて、そんなことを思い出した。

高校生の頃から、秘書になりたい、と思っていた山本桂さん（54歳、既婚、子供二人）は、短大卒業後（秘書科で学んだ）、ある大手メーカーの秘書室に勤務した。

最初の一年間は、先輩から秘書の心得や業務の根本を一から叩《たた》き込まれたという。基本はきちんと押さえつつ、自分にまかされた役員主催の接待ゴルフのお土産選びについては、相手の家族構成なども考慮して細かく選んでいったそうだ。

23歳で結婚したが、その会社は、結婚したら転属か退職するかを選択しなくてはならなかった。その会社で秘書以外の仕事は考えられなかった山本さんは、退職を選んだ。

その翌年、アパレル会社で営業事務の仕事に就いた。

以前勤めていた大企業と違い、小さな会社だったから、仕事の範囲は広かった。在庫管理、販売管理、営業の段取りなどの仕事をし、「こんなにいっぱい、いろんなことをするんだ！」と驚いたし、いろいろやらせてもらって楽しかったという。

その会社では、営業トークの練習として皆の前で三分間スピーチをやる。毎回、トピックを探して、アンテナを張って何を話そうかと考えることは好きだった。

29歳のとき、離婚。それを機に、会社の許可を得て、夜はスナックでも働いた。お金もためたかったし、新しい仕事で得る知識や人とのつながりが面白くて仕方なかったのだ。当時は、昼も夜もフル回転で仕事をした。

30歳を前にして、三つの仕事を経験し、結婚して離婚、などいろいろあったし、また、元の秘書の仕事に戻りたくなった。

求人誌で探して、ベンチャー企業で再び、秘書として働くことになる。

新しい職場は、オフィスにバーがあったり、社員の服装も上司と部下の会話も、自由な雰囲気に溢れていた。何より、時代の流れに乗った最先端のものを提供する会社の、意思決定のスピードに衝撃を受けたそうだ。

34歳のとき、ある男性と出会って三か月のスピード再婚をして、一年後、子供ができたので退職した。二人目も生まれ、30代後半は、生まれて初めて外で働かない時間を持つことになる。ママ友もできた。

40代になると、無性に仕事がしたくなった。近所のユニクロで、パートとして働き始めた。

パッキングをほどき、商品を陳列し、接客に当たる。陳列では、限られた時間の中でどれだけきれいにできるかを、そして接客では、自分流の接客を心掛けた。二度も、カスタマーサービス賞に選ばれた。

40代半ば、山本さんは、ユニクロと並行して、近くにある第百ゴルフ練習場で、パートの仕事を始めた。

清掃の仕事である。

そこでの仕事に以前から興味を持っていたのだが、ママ友の一人が、「今、清掃スタッフのパートを募集しているわよ」と教えてくれたのだ。ユニクロでは、地域限定社員の試験を受けるかどうか、という段階で、ちょっと迷いもあったときだった。ユニクロの仕事は、しばらくして辞めることになる。

灰皿の交換をしながら、清掃作業で打席を回っているとき、お客さまと話す機会は多かった。

あるとき、「ボール代、いくら？」と聞かれたが答えられなかった。社員に聞くと、「清掃パートはそんなことは知らなくてもいいんだ」と言われ、それはおかしいと疑問を持ったという。

四か月後、清掃スタッフから、フロント業務に変わった。立場はパートのままであるが、練習場の売り場に並べてある商品や、喫茶部門のメニューなども把握して、お客さまの名前も覚えるようにした。

そんなある日、お客さまの一人が練習中に倒れた。

たまたま、その時間には社員はおらず、フロントの山本さんはＡＥＤとケータイをもって駆け付け、周りのスタッフに、

「救急車を呼んで！」「表門のゲートを（救急車のために）開けて」「新しいお客

さまはストップして」「誰か心臓マッサージをして」「場内放送で、倒れたお客さまを知っている人を見つけて、その人に頼んで家族に連絡してもらってください」など次々指示を出していった。自ら、救急車にも乗り込んだ。

そのことがあったからか、二か月後に、パートから正社員に昇格した。

そして、二〇一六年二月、社長から呼ばれて、第百ゴルフ練習場の支配人に任命された。51歳のときだった。

山本さんは五年計画で、この練習場の改革をすると決めた。

まずは、スタッフ改革で、ゴルフ練習場は接客業であるという認識をみんなに持ってもらうようにした。挨拶の徹底から始まり、お客さまのニーズをみて、それをくみ取ることとの必要性を訴えた。

喫茶部門では、モーニングコーヒーのデリバリーサービスを始め、コーヒーの種類を増やした。それによって、モーニングセットを食べて、ちょっと打っていこう、というお客さまが増えた。学生バイトには、自らの就活面接対処法の経験を話したりして、この練習場での仕事が将来役に立つように指導していった。

自分もパート社員だったからわかるのだが、彼女たちは細かい作業が得意だし、いろいろなことに気付いてもいる。なので、山本さんは、パートスタッフから出されるアイディアを次々採用していった。コーヒーの搾りかすを脱臭剤にして配ったり、喫茶部門のポスターの絵をかいてもらったり、小さな改革がきっかけとなりお客さまとのコミュニケーションが増えれば、と考えたのだ。

また、スタッフの評価は大事な仕事で、感謝の気持ちと評価をはっきり伝えているという。

二〇一九年、夏の昼間の間、一一時から一六時まで練習場をクローズした。熱中症で倒れるお客さまのリスクを減らすためである。かなりの冒険だったが、売り上げはさほど下がっていない。

「売り上げリスクを背負いながらの未来運営にチャレンジです」

運営といえば、山本支配人直筆の運営（経営）をする際の心構えのメモを見せてもらった。

「やってみるスピードと決断するスピード、それには勇気と覚悟と責任感」と書いてあった。

そうやって、支配人になってから数年が過ぎた。まだ、54歳である。

「ここに来たのは40代の後半ですよね。まだ若いのに、清掃という仕事に抵抗はなかったんですか。そのままユニクロにいれば、二度も表彰された優秀スタッフでいられたのに……」と聞くと、「ぜんぜん。私、お掃除、好きですから。楽しかったですよ」との回答。

大きなゴルフ練習場の支配人という仕事は、やりがいもあるし、面白い。だが――。

「ここにずっといるべきだとは思っていません。お客さまも飽きるかもしれませんし。でも、無責任に出ていくことはないです。今を大事にしながら、どこかで求められれば、そこに行くかもしれません」

家のことは、夫がかなり助けてくれる。料理も得意で、実は、ほとんど毎日作ってくれる。

打席が一三〇もある大きな練習場なので、その細部に気を配ることは大変だ。「私、日曜日には平均、二万歩くらい歩くんです。打席を回りながら、お客さまに声をかけたりすると、そのくらいいくんですよ」

外資系企業を経て、60歳で塾の講師に転身

◆横山美里《よこやまみさと》さん

つい先日、30代半ばの人と話をしたときのこと。

自分たちは「転職当たり前」の世代で、就職してから四、五回は会社を変えて働くことが普通なので、60歳くらいになっても「ああ定年か」なんてしみじみ思うことはないんじゃないか、という話だった。

なるほど。

これだけたくさんの男性向け「定年」本が出されたり、雑誌に特集されたりするのは、定年まではその会社一筋の一直線で、会社に対する気持ちが強いこととも関係するのだろう。

だからこそ、定年の後は、仕事内容や給料や待遇への不満もさることながら、新会社での付け足しのような仕事と、四〇年近く働いていた会社での仕事の重みとを比べてしまって、やる気が出なかったりするのかもしれない。

ということは、ずっと転職しながら働き続けてきた人にしてみれば、60歳の区切りなど関係なく、これまでの人生の延長線のなかに新しい仕事があるのではないだろうか。

横山美里さん（60歳、既婚、子供一人）は大学卒業後、商社に入社して輸出関連の部署で働いていた。仕事内容は、男性社員のアシスタントである。25歳で結婚し、退職した。

当時としては、みんなに羨ましがられるような、適齢期女性の寿退社である。しかし、その結婚は長続きせず三年で離婚、求人情報誌で探して、28歳のとき、外資系の家具会社の日本法人に職を得た。所属は、マーケティング部。

外資系企業だが上司は日本人、まったくの体育会系体質の男性で、「お前の頭はかぼちゃ以下だな」とか「そんなことも知らないのか」などとののしられつつも、仕事の基本を叩き込まれたという。

30歳になり、別のやはり外資系のインテリアの会社に移った。マーケティング、販促、展示会の企画などを担当し、そこでは七年間仕事をした。

あるとき、海外の本社が別の企業と合併して、日本法人も一体化し、その新しい会社でも引き続き働いて、前の会社での勤続期間も含めると一〇年間近く働いたことになる。

ミラノへの出張も一人で行かされ、イタリア語もわからないのに、現地の案内役が一人ついただけで、何とか、役目を果たして帰ってきた。

横山さんは帰国子女ではない。大学の専攻も経営学で、語学が特別に堪能《たんのう》なわけではなかった。けれど、たまたまの偶然で外資系の日本法人に縁があって、そこで仕事を得て、根を下ろすことになったのだという。

外資系の会社は、トップが変わると、スタッフも自分の息のかかった部下に変えたがる。

横山さんがいた会社も、トップの交代があった。

横山さんはそれを機に退職し、ヘッドハンターから紹介された外資系アパレル会社に転職した。

が、これまでの会社はどちらかというと男性が多く、チームワーク重視の働き方だったのに比べ、「自分がブランド」的な女性だらけのアパレル業界はあまり肌に合わず、ほどなく会社を辞めることになる。

横山さんは40代の前半になっていたが、初めて、フリーランスになった。自分のマーケティング会社を興して独立することになったのである。その自分の会社で、ビジネスクラブとか、レーシングカーチームなどの広報の仕事を請け負った。

40代は仕事よりプライベートで、いろいろあった時代だ。

45歳のときに、大学時代の同級生と、できちゃった結婚をして、男の子を産んだ。

「私自身、遅く生まれた子だったんですけれど、まさか、こんなに超高齢出産をするとは思いませんでした」

友人たちが、「更年期がね……」などと話している中で、自分は赤ちゃんを育てながら、自宅で広報の仕事を続けていた。

しかし、「フリーもけっこうきついな。会社員はずいぶん会社に守られていたんだなあ」としみじみ思い始めていたときに、ヘッドハンターから電話があった。昔働いていた業界の外資系の日本支社で人を探している、やってみませんか、との問い合わせだった。

たまたま歩いて三分のところに新設の保育園があり、子供をそこに預けることもできた。

横山さんは40代後半に、会社員として再スタートを切ることになったのである。

その会社では三年間働いたが、そこで自分を評価してくれた副社長が、別の日本の会社の社長に就任したのに伴い、横山さんもそちらの会社に移ることになる。それが50代前半、大学卒業後の商社から数えると、なんと六つ目の会社である。

取材中も、

「そこには三年？　いや待って、四年だったかな？　あれ、その前にもどこかで働いていたかしら？」と混乱しまくっていたが、お話ししながら実に楽しそうなのだ。

新しい会社では、以前と違って社長室に席を置き、社員の採用、研修、派遣、保険対応、などを担当し、仕事の幅は広がった。「社長、副社長のスケジュール調整もやっていましたし、いつの間にか仕事量自体も増えて、すごい激務の日々でした」

一方、プライベートでは、介護していた父と母が、別々の老人ホームに入居した。「二人が同時に施設に入ると、こんなにもお金がかかるのか」と驚いたという。

幸い、両親は金銭面で子供に頼ることはなかったが、次は自分たちの番、子供に迷惑をかけないようにしなくては、と思ったという。

ずっと仕事仕事で休みなく走ってきたが、50代後半に体調を崩して、無理がきかなくなったことを痛感した。定年の60歳を機に会社を退職した。

猪突猛進《ちょとつもうしん》の働き方を変えたい。家も、都心から郊外に引っ越しをした。

在宅での仕事は、まだ続けている。

しかし、そろそろ新しいジャンルの仕事をやりたいな、と思っていたところ、知人が、学習塾が講師を募集している、と教えてくれたのである。

久々の学科試験、適性試験、小論文と面接を経て、採用された。

自分でやりたいと手をあげておきながら、面接で「私、60歳なんですけど、かまいませんか？」と聞いたりした。

とはいえ、実際にはいろいろな世代の講師が所属しており、年配の人たちもけっこういたのには驚いた。年齢に関係なく働ける場所なんだ、と納得。

教えるのは夕方から夜にかけての時間帯、ほぼ初めての経験だ。

「どう相手にわかるように授業を行っていくか、こっちが予習しないと、と焦っています」

三か月の試用期間は、授業一コマで給料は大したことはない。その後、評価によって時給が上がっていく。これもまた、実力主義の世界だった。

「やれるかな、ちょっと怖いな」とも思うが、刺激には抗《あらが》えない。自分の子供が15歳、受け持つのも同世代の子供たちだから、何とかなると思っているという。

思えば三〇年ちょっと、ずっと怖いもの知らずで突っ走ってきた。これも、周りの人々のおかげだという。

行き当たりばったりのようでいて、しっかりキャリアは積み上がっていたし、仕事をする際の人間としての基本は、おろそかにしていない。

「息子には、うるさく言い聞かせていることがあるんです。ひとつは、女の人に対して、ババアと言うな、とね。言いたいときにはババアさま、と言いなさい、と。女の人に失礼なことは言ってはいけないと。もうひとつは、義務を果たしてから文句を言え！　と」

横山さんにとって仕事は、生活の糧であり、「人生の刺激かなあ」ということだった。

子供が大学を卒業するまで、あと七、八年は残っている。

老後をどう過ごしていくのかに思いめぐらすときもある。

平穏無事に暮らしたいとは思っているけれど、まだまだ刺激は必要である。

「もういらない、といわれるまで仕事をやってみたいんです」

第6章

会社は辞めるけれど、仕事はするという選択

定年で会社を辞め、再雇用では働かない

定年で、あるいは定年が近くなって会社を辞めて、再雇用制度の下で働くことを選ばなかった人たちがいる。

彼女たちに話を聞くと、数年前から、そうすると決めていたという人が多い。

「私はこんなに長く、まさか定年まで会社にいるとは思っていなかったし、ここはもういい、一区切りつけたいと思いました」

「会社がいやだったらこの年まで働かなかったと思います。でも、そこで辞めたことに後悔はないです。後悔するくらいなら、辞めていません」

「定年後には、今までとは全く違う景色を見てみたいんです」

その短い言葉の中に、様々な思いが込められていることが察せられた。

そして、その多くが、少し休んだ後、また仕事を再開している。

多くは、ハローワークなどで新しい仕事を探してくるようだ。

その場合、仕事は原則的に、数か月や半年など短い有期雇用が多いが、延長されることもけっこうあると聞いた。新たに公募しても、同レベルのいい人材はまず来ない、と雇う側が判断すれば、当然、継続また継続となる。

前回、『定年女子』で登場していただいた戸田水菜子《とだみなこ》さん（当時56歳）は、三か月で、という条件だった外資系ホテルでの事務の仕事を今でも続けている。週三回勤務、一〇時から一七時までという条件を飲んでもらって、時給も上がって、更新また更新を続けているという。

「なんと、五年半もいるんですよ」

初めての更新のとき、「これからもいてくれると助かるのですが」「あなたの希望の条件に沿うようにしますから」と言われ、必要とされていることに喜びを感じたという。

戸田さんいわく、「私は、前の会社で、仕事の基礎を徹底的に叩き込まれたと思っているんです。書類は間違いのないように見返すとか、あいまいにしたまま勝手な判断を加えたりせずに、確認を怠らないとか、＋αでできることがあれば提示してみるなど。それが信頼感につながり、評価されているとしたら、前の仕事も無駄なことはなかったということですよね」

定年後から、今までと同様の仕事で再就職を目指すのは難しい

定年後、再雇用で会社に残らずに、新しい仕事をするという場合には、二つの道がある。

一つ目は、これまでの仕事と全く違う仕事をするというものだ。

例えば、前作『定年女子』では、商社を定年退職して、ハローワークで若者の就職支援を担当している人、建築会社を定年で終えて、病院の産業カウンセラーとして働いている人、不動産会社勤務から介護ヘルパーに転じた人などを、取り上げさせていただいた。

このような転身の場合、資格取得が必要なこともあるし、会社員時代からの入念な準備と情報収集が欠かせない。

資格の種類にもよるが、再雇用で働くことを決めている同期の仲間たちが、比較的のんびりしている横で、自分は、日々の仕事のほかに資格取得のために勉強の毎日で、そこのところは大変である。

が、いったん、資格を取ったなら、あとの道は絞られているのだから、その線

で仕事を探すだけである。

一方で、定年後もこれまでの延長線上のような仕事を希望している人もいる。

もちろん、こちらのほうが多く、会社員だった人は、デスクワークの仕事を探すことになる。

本来なら元の会社の再雇用で働きたかったけれど、事情があって、それがかなわなかったようなケースだ。

例えば、『定年女子』で登場いただいた、ＩＴ関連企業勤務だった中村祥子《なかむらしょうこ》さんの場合、再雇用で提示された仕事は、通勤に片道二時間半もかかる工場での勤務で、仕事も何をするか決まっていない、というものだったので、再雇用はやめて自分で仕事を探した。

また、再雇用で働くつもりにしていたのに、あと数年で定年という時期に、両親の介護が重なってやむを得ず退職し、それで再雇用への道が閉ざされてしまった人もいるかもしれない。

こんな場合は、外で仕事を探すことになるが、60歳の時点で、それから先の仕事を探すのは簡単なことではない。

中村さんは、ハローワークで仕事を探し始めたが、履歴書を三〇通近く書いたにもかかわらず、面接まで至らず、という状況が続いたところで、やっと就職が決まった。

実は、定年後から仕事を探し始めるのは、ちょっと遅いのである。

なので、もし、「再雇用という選択肢は自分にはない」「これまでと同じような事務の仕事をしたい」ということだったら、定年前の早期退職も視野に入れることだ。

早期退職と新しい仕事

早期退職して、以前とは全く違う分野の仕事をしている女性に話を聞いた。

彼女は女性誌の編集一筋だったが、50代前半に勤めていた出版社を辞めて、今は、自然保護関連の財団の広報の仕事をしている。

前章で登場いただいた高山さんも言っていたが、早期退職で会社を辞めたとき、定年退職者の気分になったという。

「この仕事はもういい。自分は十分働いた。迷いなく決断できる」と確信していたにもかかわらず、辞めた会社を後にしたとき、「ああ、よかった」とは思わなかったそうだ。「そんな単純なもんじゃないんです」

「自分は仕事が好きであって、会社が好きなわけじゃない」と思い込んでいたが、どうやら、その逆で、「私は会社が大好きだったんだなあ、と思いました。仕事はそれなりに面白かったけど、新しいことがしたかったわけだから」

一年かけて、ゆっくり仕事を選ぶことにした。

自衛隊の基地の仕事とか、動物園の広報の仕事などもあって、「自分が思いもしない仕事ってあるんだな」と認識したという。

「転職活動をすると、間違いなく仕事の視野が広がりますよ」

「私の場合、前の仕事をやりながら、同時に新しい仕事を探して、転職することは難しかったです。ここで仕事をする、という気持ちが切れないと、新しいところは探せないと思うんですよね」

結局、以前から関心を持っていた自然保護活動をしている財団に身を置くことになったが、一番の面白さは、今までの仕事で接していた人とは全く異なるタイプの人たちと接することだという。

「前の仕事と新しい仕事、仕事を通して、別の二つの人生を生きているって実感です」

セカンドキャリアの決め方

女性が、会社を辞め、あるいは定年を迎えて、次の仕事を探す際、現状はどうなっていて、何が大切か、心構えは、など、パソナマスターズの中田光佐子《なかたみさこ》社長にお話を伺った。

退職後ですが、普通三か月でやりたいこと、旅行とか、人に会うとかをやりつくし、六か月でまた仕事を探す人が多いです。

男性がマネージメント力を持っているのに対して、女性は加えてオペレーションにも長《た》けている、つまり、現場力があるんです。そして、現場力＝即戦力と言っていいと思います。

女性は一般的に言って、まだまだ入社してから定年になるまでの処遇差が少ないので、定年後の仕事について、ショックの度合いが小さいです。その点でいうと、女性のほうが仕事は探しやすいと思います。

仕事のあるなしは、はっきり言って「会社が求めるものを持っているかどうか」なんだと思います。

シニアの就職ですが、案外、ミスマッチが少ないんですよ。

シニアは勤勉ですし、その人のスキル、経験がはっきりした中での採用だからです。

具体的に言うと、今現在の状況ですが、貿易事務、経理事務、部門の調整事務をやってきた人には、仕事がありますね。大学の研究室の事務なども、さほど年齢制限がなかったりします。

それと、自分で仕事がやりたいと手をあげる人は仕事が決まるのが早いです。自分で選択したいという姿勢が、前向きに映るのかもしれません。

収入ですが、現役時代と比べて少なくはなりますが、収入がマイナスになるという考え方ではなく、「あなたの年収が○○のときは、どうだったでしょうか？」というふうに、マインドチェンジすればいい。その当時は、子供の教育費もなく、ローンも組んでいなかった、それと今は、おそらく同じ状況ではないでしょうか。

派遣の仕事は、エージェントがいるので、交渉は任せて、自分は希望を登録しておけばいいんです。

今は昔と比べて、シニアの方の働く選択肢も増えて、情報もあるし、納得して働ける環境になってきていると思います。シニアの職場はこれ、と一律ではなくなってきていますし、セカンドキャリア支援、働くシニア支援の輪も広がってきています。

もっとも、65歳になって、65歳から先の仕事を探すのはちょっと難しいかもしれませんね。理想を言えば、40代後半くらいから準備しておいたほうがいいです。

どんな人が採用されやすいかですが——。

＊実務ができる人。先ほどの経理事務、貿易事務もそうです。関連する資格を持った実務者なら、それを生かして仕事ができると思います。

＊自分で何でもやってみようという人。

＊明るく元気な人。

＊身なりに気を使っている人。

＊アンテナを張っている人。

＊コミュニティに属している人。一見仕事に関係ないように思いますが、暮らしに仕事が結びついている人のほうが、安心感があります。

＊こだわりが強すぎず、寛容な人。これはダメ、あれもダメとはじめから決めてかかるような人は、仕事探しは難しいかもしれません。

仕事を通じてこれから創っていける将来、未来を、楽しみにしてほしいですね。

定年後は、迷って当然だ

若いときと定年後の仕事の探し方で圧倒的に異なる点は、若いときには、長い将来が待っているし、それを前提として仕事を選ぶということだ。

将来、結婚するかもしれない、子供を持つかもしれない、家を買うかもしれない、大病するかもしれない、故郷から親を引き取るかもしれない、などと考えれば、安定した仕事と、充実した福利厚生と、それなりの収入が得られる職を、と考えるのは当然だ。

ところが、60歳過ぎてからの人生は、あと三〇年くらいのものである。しかも家は持っていてローンは返済し、子供は就職した、となれば、仕事を選ぶのだって、そんなに計画的でなくたっていい。

もし、着実な道を選ぶのなら、再雇用で働いていたはずである。

大事なのは、やりがいを感じること、楽しいこと、自分が何かの役に立っていると思えること、などである。

ところが、数値化できる（よって比較しやすい）収入とか福利厚生、会社の規模などと違って、やりがいや、仕事の楽しさや、社会の役に立つといったことは、どう考えるかによって個人差があり、仕事探しも案外難しいのである。

それに、仕事には必ず人間関係が絡んでくる。

現役世代の仕事上の一番大きなストレスは、「人間関係に悩む」であるし、それは、60歳を過ぎて所属する会社でも、ボランティア団体でも変わらない。やりたいと思って参加したボランティア団体だったが、メンバーとそりが合わずに辞めるということもあれば、その逆もあるだろう。

だから、短期間やってみて、これは違う、あれもダメか、これならできそう、といろいろ迷うこと、それは普通のことだと思っている。

時間をかけて、寄り道もして、自分の進むべき方向がうっすらでも見えてくればいい。

定年後に複数の仕事をちょっとずつ、同時進行でやってみる

今や大企業でも、副業を認めようという時代だ。

昔から、大学教授と音楽家、会社員と小説家、など二足の草鞋《わらじ》を履いている人はいたが、今はそれが一般的になりつつある。

定年女子も例外ではない。

定年後に、複数の仕事をする、という人はけっこう多い。

再雇用で週三回会社に通いながら、あとの時間でフリーの仕事を請け負う人、別の会社で週末だけ仕事をする人、フラワーアレンジメントを教えている人、家でネットビジネスをしている人、など、そのような話を当たり前に見聞きするようになってきた。

実は、前章で登場いただいた多くの方がたくさんの仕事を掛け持ちされている。山中さんは、NPOの理事とベンチャー企業の役員、行政機関の審議委員など、ダブルワークどころか、たくさんの役割をもって走り回っていた。

本文では触れなかったが、武居さんも、本業の旅館の若女将の仕事のほかに、編集の仕事をいくつかに限定して続けていた。

成島さんもシルバー人材センターの理事の仕事のほかに、企業の受付の仕事も回数は減らしたけれどやっている。横山さんは、ずっと在宅で引き受けている仕事に加えて、塾の講師という仕事を始めたところである。

複数の仕事や社会活動の引き出しを持っていれば、そのときの体調や、世の中の流れや、使える時間や、そういったことに応じて、引き出しを大きく開けたり、閉めたりできるのではないか。

『定年女子』で、こんなことを書いた。

女性は、現役時代から、仕事のほかに、子育ても家事もメインでこなし、それに加えて、おしゃれも、食べ歩きも、旅も、好きなことは手放さずに歩いてきた。そんな同時進行能力があると。

今回取材しながら、女性たちはさらに進化している、と感じた。

第7章

40代、50代、定年女子予備軍へのアドバイス

自分は定年後にどうしたいか。どんな人生を送りたいか

もしあなたが50代前半の女性だとして——。

自分の周囲、同期とか友人などが「私は定年後も再雇用で仕事を続けるつもりよ」と迷いなく言ったりすると焦る。

一方、別の友人が「定年後に仕事はしないつもり。残りの人生で元気なときって、定年後ならせいぜい一五年くらいでしょ。だったら好きなことだけする」と言ったら、それはそれで納得する。

さらに、別の知り合いが、最近、付き合いが悪くなったなと思ったら、資格を取る勉強を始めていて、「定年後はそれを仕事にするつもりなんだ」と打ち明けられた。なんでそこまで頑張るの、と複雑な気持ちになる。

もはや、60歳の定年を機に、だれもがみんな同じようにリタイアする時代は、過去のものになった。

一昔前なら想像もつかなかったような多彩な選択肢が、定年女子世代の目の前に広がっている。

早期退職を選んで転職する人。定年まできっちり働き、その後は故郷に帰る人。定年後は再雇用で残り、あと五年働く人。再雇用後も仕事をし続けようと頑張っている人。

40代、50代くらいまでは同じ会社の一員であったとしても、定年前後から、いやその前から道は分かれ、その道を選ぶのは自分であると認識することだ。

もう一つ、定年になって「さあ、どうしよう……」では遅すぎるということだ。「定年後に自分はどうしたいか」について、ざっとでも考えておくのが大切だということは、本書で取材したほとんどの方が語っていた。

この章では、40代、50代の女性に向けて、定年後も働き続けることを前提に、そのヒントをまとめてみようと思う。

定年後について考えるなら、40代半ばから

仕事人生のピークは、現在の日本社会においては、40代半ばから後半、と言っ

ていいと思う。

大きなプロジェクトを任される、現場で最も頼りにされる、それなりの肩書もついている、それが40代半ばから後半だ。家庭を持っている人なら、子供は中学生くらい、家を買ったばかりでローンも大変、という時期でもある。

まさに人生最も脂の乗り切っているそのときに、定年後を考えてほしいのだ。とはいっても、目の前の仕事が忙しすぎて、そんな先のこと、どうするかなんてわからない、という人が大半だろう。華のある仕事をしているときに、定年後のことなんて触れたくもない、考えたりすると今の仕事にブレーキがかかってしまうのではないか、と思う人もいるかもしれない。

ただ、ピークを迎えているということは、今後肩書は上がる人もいるだろうが、その多くは、その先は良くて現状維持、部署が変わったりするうちに何となく下り坂ということだって多いと思う。

まずは、五〜八歳くらい先輩たちの現在の仕事状況をよく見て、自分の将来を想像してみることだ。

また、会社の人事制度的なことは押さえておく。

早期退職制度はあるのか、その場合、退職金の割り増しはあるのか、その額はどのくらいか。

役職定年はあるのか、それは何歳から始まり、給料はいくらくらい下がるのか。再雇用制度の下、社員はどのような仕事についているか、希望は通るのか、例外はあるのか。そういったことをリサーチしておくのは無駄ではない。

もちろん、五年先のことなど予測はつかないし、現行の制度だって変わる可能性は小さくない。それでも、大まかな会社の方針のようなことは見えてくると思う。

大きな企業などは、定年後研修を数回にわたって行ったりするが、第一回目の定年後研修を50歳前後から始めるところが多い。第二回目は50代半ばかその前だ。

その内容は、一回目が、自分の仕事人生後半の計画や心構え的なこと、二回目は、会社とは関係のない内容になり、健康、老後資金、家族との関係再構築、地域デビュー、再就職などが中心となる。

定年は60歳になっていきなり始まるのではなくて、その波はじわじわ50代前半くらいからやってくるのである。

だからこそ、40代後半には、大まかのプランをいくつか考えてみることは必要だと思う。

まずは先輩に話を聞いてみる

定年後の情報収集で、まずやるべきは、職場の先輩や、学生時代の先輩に話を聞くことである。

定年を、すぐそこに迫ったこととして捉えている職場の先輩には、会社の方針と、社員の動きについての具体的な話が聞けるだろう。

定年後講習のこと（それで会社の姿勢がわかることもある）、役職定年の実態（社員の本音や仕事ぶり）、再雇用後に所属する部署の可能性と仕事内容と給料、その会社で皆が選ぶ定年後の働き方とその理由、早期退職者の割合と割増退職金について、などだ。

また、会社は今後、再雇用者の活用の仕方を変えるつもりかどうかの予測、先輩の同期社員たちはどんなことを心配しているか、資格を取っている人はいるか、といった話も参考になる。

その会社での、自分の将来も、少しはつかめるかもしれない。

もちろん、これらの話は現時点での実情と分析だが、大きな流れはつかめると思う。

そして、今度は、社外の先輩にも同様の話を聞く。

そうすると、他社との比較において、自分の会社のいいところ、遅れているところ、定年後社員をどう生かすかについての立ち位置のようなことが見えてくる。

自社の再雇用での仕事は退屈そう、と思っていたが、別の会社の実情と比較すると、全体としては恵まれているほうなのか、などわかることもある。

定年後のステージは二段階で考える

60歳が定年としてそこまでが第一ステージ、65歳くらいまでが第二ステージ、そしてその後70歳くらいまでが第三ステージである。

今は、そのくらいの年齢まで働ける。本書もそれを視野に入れているし、五年前に出した『定年女子』と大きく違うと感じたのはこの点だ。

「やっと定年になった。定年後は仕事から離れた生活をしたい」と決めている人はいるし、趣味や、人と頻繁に会うことや、旅行や、地域貢献や、自分の生活を丁寧に紡いでいく、そういったことを軸とした人生は楽しいと思う。

しかし、60歳以降も働こうと考えている人は——。

けっこういろいろな道がある。

現在は、60歳定年制を採用している企業なら、定年後は再雇用で働く、という道が現在、最も一般的である。

再雇用になると、正社員から一年更新の契約社員となり、給料は大きく減り、仕事に関しても現役時代とは異なってくる。

そこで、「どうせ再雇用だし、仕事は面白くはないから」と割り切って、給料に見合った働き方をするという考え方もあるかもしれない。

これまでの週休二日制と違い、週三日の勤務に慣れてくると、「これほど理想的な働き方はないと思うようになりました」と正直に話してくれる人も多かった。衰え始めた体力に見合っているし、休日にはまとまっていろいろなことができる。前述したが、介護との両立にも都合がいい。

その一方で——。

今後は、再雇用の先にも仕事がある、と想定すると、別の考え方も出てくるということを付け加えたい。

実際、第2章で紹介した通り、再雇用を終えてのちも、同じ組織にとどまり、仕事をしている人がけっこう出てきているのである。

もちろん、それは今のところ例外措置的ではあるけれど、次につながる可能性はあるし、会社として、必要な人にはずっと残って働いてもらう、という傾向が出てきていることは、頭の片隅に入れておいたほうがいいと思う。

再雇用期間に、先の仕事を考えてみる

再雇用期間はけっこう長い。

四年から五年もある。

新入社員として入社してから五年目、あなたはそれなりに責任ある仕事をするようになっていたと思う。そのような長い時間、あなたは再雇用の下、会社にいることになるのだ。

そして、この先のことを考えると、この再雇用期間をどう過ごすのかがとても重要になってくる。

まずは、与えられた仕事を、おざなりにではなく一生懸命することである。

会社の規模や上司のタイプにもよるが、再雇用期間の（これは役職定年にもあ

てはまるが）従業員の仕事ぶりをシビアに観察・評価していたりするからだ。

また、情報を集め、65歳以降も会社に残れる道は何かを考えることも大切だと思う。

「これがやりたい」「この仕事ならできます」と、上司なり、元上司なり、人事に提案し、交渉していくことだってできるかもしれない。

会社としても、定年退職者を一律に再雇用しなければならない義務を果たしたのちは、65歳以降も働いてもらいたい人とそうでない人に分けていく（可能性は大きくなる）。

五年前と違い、元社員の活用方法もかなり柔軟になってきている。

ゆえに、再雇用期間もアンテナを張って、今までとは違った発想で、自分がこの会社で何ができるかを、冷静に整理してみることも大事だ。

そうすると、働く気構えだって違ってくる。

転職するなら50代のうちに、独立するなら50歳までに

57歳だろうが、61歳だろうが、同じ中年、というか中高年、たった四歳の差な

んて、体力的にも、見た目も、気力的にも同じだ、と私たちは思う。

でも、仕事を巡る現実はそうではないらしい。

これは企業の採用の人から聞いた話で、あくまで印象上のことなのだが、57歳の人には、「現役感」が漂っているのに比べ、61歳の人には、「リタイア感」が漂っているという。

だから、採用するとしたら、現役感の57歳のほうを選ぶのだそうだ。

それに、定年前、職場の現役でいるうちのほうが、名刺があるうちのほうが、誰かに相談にのってもらったり、人を紹介してもらったりもしやすいという話も聞いた。

先の例えに似せて言うと、57歳の人の相談は「切迫感」があるのに対し、61歳の人の相談には「あきらめ感」が見え隠れするのかもしれない。

また、『定年女子』でハローワークに取材したとき、転職する際の履歴書の写真は、若く見え溌剌《はつらつ》とした感じのものを選ぶこと、と教わった。こういう人と一緒に仕事がしたい、と思わせる印象はとても大事だそうだ。

とにもかくにも、もし転職すると決めているのなら、定年を待ってより、50代のうちにすることを考えたほうがいい。

一方、独立して何かを始めようと思ったなら、少なくとも50代までに決めるのが理想だそうである。

準備期間も必要だし、始めてからビジネスを発展させていく時間が必要だからだ。

もっとも、女性の場合、借金して、投資して、リスクを取って、ビジネスを大きく育てるという形態はあまり選ばない。

好きなことを、あくまで自分の生活の範囲で、細く長く楽しめればいい、というタイプの独立が主流だから、それだと年齢はあまり関係ないのかもしれない。第5章で登場いただいた、高山さんのお店のオープンに向けてのお話は、参考になるだろう。

定年後も働く上で、一番の不確定要素は、介護である

親の介護の問題は、予測がつかない。

40代半ばから50代前半くらいなら、親はまだ元気であると思う。が、その先はどうなるかわからない。親が弱ってきたときに、兄弟姉妹の中で誰がメインで介

護をするかも話し合っていないことが多い。

一人っ子ならもちろんだが、兄弟姉妹がいたとしても、海外にいたり、大きな病気を抱えていたり、子供の受験やら、配偶者の親の介護をしている、などなどで、自分が介護をすることになる場合もけっこうある。

ここで一つ厄介なのは、親の世代は、介護経験のない人が案外多いということだ。

自分たちの親のそのまた親（自分たちにとっては祖父母）の世代は、今と比べるとずっと短命だし、親の世代は兄弟姉妹が多いこともあって、介護経験なしの人も多い世代なのだ。私の父も母も介護の経験はない。

ということは、親からは何も教えてもらえない。自分が介護で苦労していない分、介護の何たるかが、よくわかっていない。「自分は、年を取ったら子供の世話にはならない」と言う親は多いが、かといって、何でも自分で調べて準備しそれを子供たちに伝えたり、老人ホームを決めて自ら入居したり、と計画し、行動する親は少数派である。

今の定年女子世代は、はっきり言うと、初めての介護担当世代なのである。そして、あなたが独身だったりすると、ますます、介護担当の比率は高まるように思う。

それに「定年の今まで働いてこられたのは、お母さんのおかげ」と思って頑張ってしまう人も多い。仕事のエネルギーをそのまま、介護に投入して、疲れ切ってしまう人もいる。

先が読めないことだけに、前もっての準備などはしにくいけれど、少なくとも、両親と話し合って、自分で生活ができなくなったときどうしたいかを聞き、兄弟姉妹とも連絡を密にして、自分の現実的な介護担当の可能性をつかんでおくことは大事だと思う。

その上で、現実に介護をしながら働いている友人や先輩などからも話を聞いたり、市役所などの窓口に相談に行くなどして、情報を集めておくことだ。

専門を持つ

リタイアした男性が、地域のボランティアなどに参加したとき、あなたは何ができるか、を問われて、「私は部長だったから、部長の仕事ならできます」と答えて周りからあきれられた、という話がある。

男性は、仕事人生の後半は、管理職の立場が長かった人が多く、集まってきた情報をどう処理するかを判断し、また、部下に仕事を指示したり、それを上に報告したり、という毎日で、現場の仕事からは遠ざかっている。

管理職しかやっていない人は、定年後の仕事探しは大変なのだ。

一方、女性の場合、管理職を経験したとしても、仕事の具体的な作業や方法が身近にあったという意味で、定年後も仕事があるのである。

一般的に言って、女性のほうが専門性を生かした働き方をする。

さて、専門を持つということだが、定年後の仕事と考えた場合、その分野の仕事をずっとやってきているという広義の意味もあれば、専門職に就いており経験豊富だ、という狭義の意味もある。

第2章に登場いただいた長谷川さんは、前者のケースで、福祉の部署の仕事を二〇年以上経験してきた結果、65歳を過ぎてなお、要請されて仕事を続けている。

一方で松井さんの場合は、企業研修の講師としての専門職の技を磨いて、65歳を過ぎてもこれまでと同様に、顧客のニーズにこたえて仕事を継続している。

お二人とも、もし健康であれば、さらに長く続けられそう、というのがすごいと思う。

テレビ局でも、管理職で出世した人はリタイアしているが、現場で専門性のある番組を作り続けてきた同期入社のディレクターは、70歳近くになっても現役で、同じような番組を作っていたりするという。

定年後も働くつもりがあるなら、とりあえず、自分の職歴を振り返り、専門と言えそうな分野をざっとでもまとめておくといい。

人事・総務の仕事を長くやった、経理畑でずっとやってきた、コンプライアンスの知識が豊富だ、等々。それが、再雇用後の仕事に結びつくかもしれないし、転職の際には役に立つかもしれない。

もうひとつ、あなたがまだ40代であれば、先を考えて、○○の仕事がしたいと異動願いを出すことを考えてもいいだろう。そこから、専門性を持ったキャリアを積み上げていくことができるからである。

コネを意識して人間関係を作っておく

ひところはやった異業種交流会、各種の勉強会、などだが、参加するのは、30代前半から40代の前半くらいまでが一番多いという。仕事で人脈を広げることに意味がある、と思える世代だし、体力も華やかさもあるから、そういう会合が楽しい。

ところが、50歳を過ぎるころから、もう私はいいわ、と後ろ向きになる。

若い人ばっかりだし、そんなところに50代女性が行ってもね、注目されない、話が合わない……というところだろうか。一度名刺を交換したくらいでは、後に続く有益な関係を築くなんて難しいこともわかっている。

そうやって、50代になると、新しい人間関係を作るのがおっくうになっていくのだ。

それに加えて、これまで持っていた人脈の幹も細く頼りなくなっていく。

古くからの知り合いも、メンターだと思っていた人も、自分より年上だと、リタイアしたり、部署が変わって自分とは関わりが薄くなったり、病気になったりして、だんだん遠のいてしまう。

そんなこんなで、身近にいる、気を使わないでくつろげる人間関係の中でまったりするのが結局は一番、と思うようになっていくのだ。

しかし、である。

もし、60歳過ぎても仕事を続けようとするなら――。

これまで仕事で関わった人との関係維持は大切だ。

一緒の課で働いた同僚、元上司たち、取引先の人、何かのプロジェクトで一緒だった人、そんな人とは、薄くでも関係をつなげておけば、いざというときに、何か聞いたり、頼んだり、できるかもしれない。

ましてや、今はSNSの時代だ。ネットワークの維持だって、それほど大変ではないだろう。

本書の取材でも、「定年のご挨拶のはがきを出したら、電話がかかってきて、昔の取引先の人から、三か月の約束である仕事を頼まれているんです」といった話はよく聞いた。

いきなり、「社員になりませんか?」はないけれど、短期での仕事依頼はけっこうあるし、それを終えた後で、次の仕事につながることも少なくはないそうだ。

第5章で登場いただいた成島さんも、「人間関係をつないでつないで」と教えてくれたが、年賀状や暑中見舞いを出したり、メールを思い出したように書いたり、SNSがつながっているならそれを活用する、というマメさはとても有効なものだと思う。

さて、定年後に新しい会社で仕事をしている人に向けての質問で一番多いのが、

「なんで、その仕事をすることになったのですか?」「どうやって見つけたの?」ということだと聞いた。

人は、仕事の内容ではなく、それをすることになったきっかけを知りたがる。が、その意味は、志望動機的なことではない。今まで積み重ねてきた勉強のことでもない。きっと誰かの紹介があったに違いない、となんとなく推測し、それを知りたいのだ。それは若いころ、友人の恋愛相手との出会いに興味を持ったことと同じかもしれない。「その人とは、どうやって知り合ったの?」というおなじみの質問だ。

それはともかく、定年後に、「僕の知っている人で適任の人がいるよ」的なことで推薦されることは大いにありうることは覚えておいたほうがいいと思う。

だから、同じ人ばかりと付き合い、ぬくぬくとした人間関係にどっぷり浸るのではなく、たまには、自分から連絡して人と会ったり、情報交換したりしてはいかが。

好きなことを明確にしておく

最初の仕事に趣味は生かせないが、定年後の仕事になら趣味は生かせることもある。

ある女性は、まじめ一筋で働いてきた会社を定年退職し、そのあと、大好きな詩人の本や手書きのノートなどを展示している記念館に勤めることになった。最低賃金に近い時給のアルバイトだが、詩人の詩を入れた手書きの季節のお便りを作ったり、入館者の質問にもすらすら答えられて、特別な展示会などでも意見を求められるなど、やりがいを感じているという。

別の女性は、ジョギングやスポーツジムで体を鍛えることが大好きだったが、定年まで勤めていた金融機関を退職した後は、近所のスポーツジムで働いている。普段の仕事のほかに、シニア向けのパッケージサービスを考えたり、美とスポーツの小さなイベントを企画したりしている。

運動好きが高じて、自分のオリジナル・シニア体操を考案し、電力会社を定年退職後に、地方の文化センターなどで講座を持ち、教えるようになった人（男性）もいる。

現役時代は、仕事とプライベート、などと、はっきりきっぱり分けて考えるけれど、定年後は、その境界線があいまいになり、それもまた楽しかったりすると思う。

だから、好きなことがあれば、まずはそれを明確にしておこう。

これは仕事にできるかもしれないと、そういう目線で見てみると、世界が広がるかもしれない。

給料も、役職も、正社員の立場も難しい。でも仕事で楽しいことはけっこうある

お金のために仕事をする。やりがいを求めて仕事をする。他にやることがないから仕事をする。社会と接していたいから仕事をする。自己顕示欲を満たしたくて仕事をする。人の役に立ちたくて仕事をする。人間的に向上したくて仕事をする。

仕事には様々な側面がある。

60歳過ぎた人の場合、仕事をする上で何は難しく、何はやれるのかは比較的はっきりしている。

普通、定年を過ぎると、再雇用なら一年更新の契約社員が一般的で、給料は大幅に下がり、外で仕事を探しても、有期契約で時給一〇〇〇円前後という仕事に就くことが多い。

正社員になることは難しい。

また、地位についても、定年後の再雇用では、ラインから外れ、役職がついたとしても、社員の人に与えられる役職とは違ったものになることがほとんどだ。

しかし、仕事を通して、新しいことができる、やりがいが感じられる、人や社会の役に立っている、面白い、楽しい、自分の居場所がある、といったことは、60歳過ぎても手に入る。

もうひとつ、定年後にちょっとワクワクすることがあるとすれば、それは、何かを通しての人との出会いである。

定年女子の現役時代、特に後半の期間は、周囲の人間関係はガチっと固まってしまっていて、もはや新しい出会いなどない場合が多い。

しかし、定年後に外に飛び出すと、職場では見当たらなかったような人と知り合えたりする。そこに刺激も、発見もあるし、そこからまた、新たな出会いが広がっていく。

おわりに

現場力が決め手になる

今、求人広告を見ると、最も求められているのは、マネージメントではなく、現場の仕事である。

コンビニの店員、飲食店のウエイトレス、小売店の販売員、介護や保育の現場で働く人、宅配便の配達員、などなど。そして、そういった仕事に従事しているのは、大学生のアルバイトも含め、圧倒的に若者が多い。

しかし、その状況は、これからちょっとずつ変わっていくのではないか。

私は、アメリカのニューヨークに一九八〇年代の後半、五年間ほど住んでいたが、コーヒーハウスに行くと、70代の半ばかな、と思われるウエイトレスがけっこういて、ギンガムチェックのエプロンなどをかけ、楽しそうに働いていた。常連客と冗談を言い合ったり、日本人の私に丁寧にメニューを説明してくれたり、多少、サービスが遅くても、ホンワカしたいい感じなのであった。

日本には、ここ数年、ファストフード店などで、キッチン内の仕事に、高齢者を雇う企業がいくつか出てきているという。

それはそれで歓迎すべきことだが、むしろ逆のほうが面白いのに、と思う。

高齢者は、週二回、健康のためにウエイトレスの仕事をする。中で調理をするのは、若者だ。

高齢者は、秘書として、達筆な字で手紙を書いたり、丁寧な電話の応対をする。その上司は、若い役員であってもいい。

金融機関では、将来消滅するかもしれない窓口業務に、若い人を訓練して配属するのは意味がないとして、優秀だった元社員の女性たちにその仕事に就いてもらうべく、OG会を組織化したりしているそうだ。

コンビニでは、クレーマーの客対応に、年配の女性が当たったところ、うまくその場を収めて助かったという話も聞いた。気配り、複雑な状況の把握力と調整能力、共感力、同時進行能力、そんな力が、定年女子には備わっている。

いわば、現場力である。

女性たちは、仕事のイキイキした面白さは、現場にある、ということを感じ取っている。定年後は、仕事を、肩書やプライドにとらわれることなく、面白さではかる、そんな発想の転換ができるのは、男性よりも女性のほうではないだろうか。

取材を通して、定年女子は、現場にいる若手社員たちの日々の仕事内容や、大変さや、問題点がわかるゆえに、適切なサポートも指導もできるということを知った。

また管理職の立場になっても「やっぱり、現場が面白いから」と、現場の仕事も並行してやり続けている人もいた。

様々な現場で、定年女子が当たり前に仕事をしている光景を目にする日は、案外近いかもしれない。

再雇用も動いている、転職市場も柔軟になってきている

『定年女子』を五年前に出版したときには、まだ再雇用制度がスタートして間もなかった。

企業も、法律で決まったことだから仕方ないが、この元社員たちをどうしたものか、悩んでいる段階だったと思う。そのような状況の下、再雇用社員は皆一律

に、とりあえず、再雇用部署のようなところに配属され、同じような仕事をしていた。

それから、五年、再雇用制度も定着してきた。

再雇用社員が年々、着々と増えるにつれ、「この人たちを、何の生産性もないような仕事に留めておくのはもったいない」「この人手不足の時代、経験豊富な人材を積極的に活用していこう」というふうに企業の考え方も変わってきた。

ただ、再雇用で働くすべてに、それなりの仕事を与えることはできない。会社が求めるものを持っているか否かで、仕事内容や処遇に差をつけていくことになる。

しかも、再雇用社員は、ほとんどが一年更新の契約社員。となれば、差をつけても、あまり問題はない。

つまり、ここ数年で、「再雇用の仕事は皆一律でつまらない」のではなく「再雇用の仕事もやりがいがある、面白い」というふうに変わってきつつあるのである。別の言葉で言えば、年功序列的な静的な再雇用から、実力主義的な再雇用に動いてきているということである。

一方、転職市場に目を転じれば、ちょっと前なら「40過ぎの人はちょっと……」

「50代？　ありえない」という感じだったのが、「60過ぎても仕事はある」というふうに変わってきた。

特に今は、変化も激しく、先が読めない時代だ。企業だって、「わが社に定着してくれる人が欲しい」（だから若い人がよかった）というだけでなく、「今、この仕事をやってくれる人が必要」というふうに発想を転換している。

それなら、定年女子は、最適だ。

中途採用者は出世できない、というのは過去のことだ。

採用だって、近い将来、新卒一括方式が崩れるかもしれない、そんな時代である。

定年社員を巡る環境についても、ずいぶん自由に、柔軟になってきた。

定年延長と早期退職、二つの潮流

長い間テレビのCMなどでおなじみだった定年の風景がなくなろうとしている。

60歳になり、花束をもらい、「課長、ありがとうございました」と職場の同僚の拍手に見送られながら、照れとちょっぴり淋しい背中を見せて職場を去る、という光景だ。

早期退職制度の下、ある人は50歳くらいである日突然転職し（えっ、あの人会社辞めちゃったの！）、また、別の人は再雇用制度の下、週三日働いて、65歳になってひとり静かに辞めていく（退職祝いは五年前にやってもらっているから）。

今、仕事人生の後半には大きな二つの流れが出てきている。

早期退職の流れと、再雇用の流れである。

しかもその再雇用は、今後さらに延長されようとしている。

先にも述べたが、政府は、企業に、定年・再雇用延長の努力義務を課し、近い将来、企業は65歳定年制を敷き、再雇用者は70歳まで働ける、そのような環境を整えようとしているのだ。

それにより、企業は、再雇用者を積極的に活用していこうと舵《かじ》を切りつつある、というプラス面については何度か述べた。

しかしながら、このことにより当然、企業の金銭的な負担は増えることになる。社員が希望するなら70歳になるまで、給料を支払い続けなければならなくなるからである。

ではどうするか。

個々の再雇用者の職務を明確にし、きちんと評価し、その処遇にしっかり差をつけていく。

もうひとつ、早期退職者を募る企業が増えるとも言われている。

現在は慢性人手不足で、転職も比較的しやすい状況にある。ゆえに、「これがラストチャンス」と、手をあげる社員もいるだろう、ということだ。そこが、平成の長期不況時の早期退職者募集とは異なる点である。

特に、50代半ばのバブル期入社の社員や、40代半ばの団塊ジュニアの社員たちは、人数も多く、社内にポストも足りない。その世代にターゲットを絞って、45歳以上の早期退職者を募るということになる。

つまり、定年と再雇用延長の流れが加速すればするほど、早期退職の動きも強まるということになる。

このことが、定年女子の仕事人生後半を、超複雑化してしまっているのだ。

定年前、55歳のシミュレーション

ある女性がこんな話をしてくれた。

自分は55歳の会社員で、来年役職定年になるのだが、60歳の定年以降、再雇用制度の下で働くか、さもなくば、50代半ばのうちに会社を去って、新しい職場へ行くか、迷いに迷っているというのだ。

彼女のように、再雇用と早期退職の両方が視野に入っている女性たちはとても多い。

新しい世界への期待と不安、慣れた職場での安定と退屈、その二つの要素を考慮しつつ、実はそれより、

「一体どちらのほうが、65歳以降も働くとなった場合に、確実性があるか、仕事内容に期待が持てるか、ということなんです」

彼女は、次のように、シミュレーションをしている。

会社に残った場合、今は60歳が定年だが、今後数年のうちに、定年が五年間延長されて、65歳定年になり、そこから再雇用で70歳まで働く、ということが実現するかもしれない。

しかし現在は、再雇用で働き65歳になると、皆一律に仕事は終了し、例外はないようだ。

また、最近、40歳そこそこの部長が誕生したことが話題になった。組織の若返

りのスピードはさらに速まっている。

そのような環境の中、現在55歳で課長職の自分は、来年から役職がなくなるが、この先どんな仕事をすることになるのだろうか。役職定年の社員には、以前よりは、ちゃんとした役割や面白い仕事が与えられているとは聞くが……。

65歳まで、もしかしたら70歳までのとてつもなく長い期間、その仕事でモチベーションを保つことができるのか、が見えてこないそうだ。

では思い切って、早期退職して転職の道を選ぶとする。まず、満足できる仕事が見つかるかどうかがわからない。仮に、これなら、という仕事に就けたとしたら、多少、給料は下がっても、充実した毎日になるだろう。実力が認められ、ずっと働けるかもしれない。新しい出会いもあるだろう。

一方で、仕事がきつく、人間関係が複雑で、ストレスが溜《た》まり「辞めなければよかった」と後悔する可能性だってあるかもしれない。そうなったら、もう一度転職するのだろうか……。

一体どちらの道を歩んだほうがいいのか。

彼女の話を聞きながら、どちらもありだと思った。

長年勤めてきた職場で、定年、再雇用という形で働き続けても、新しい仕事にチャレンジしても、そこまできっちり考えているのなら、どちらを選んでも、うまくいく。

迷いながらも、前向きに頑張ろうとしている姿勢は一貫している、と感じられたからだ。

女性の定年後の働き方が、世の中より先行してきている

定年女子の働き方を取材して、実に多様な働き方に驚いた。

それぞれを取り巻く事情、エネルギーレベル、感性などの違いはあるが「70歳くらいまでは働こう」「今後も社会と接していきたい」という意気込みは皆に共通していたと思う。

さらに働くのは、お金のためだったり、やりがいを求めてだったり、社会的な承認を必要としていたり、仕事が好きだったり、と事情は様々だったが、取材させていただいた方みんなから学んだことは——。

毎日の仕事の積み重ねで実績を作りながら、その働き方で、定年の壁、高齢就業者のイメージ、会社員人生の常道、男女差別、などの重い扉を押し開けている、

そのことだった。

定年女子が、実はこんなにもたくさんいるという発見と、その存在にスポットを当てる、それが、五年前に出した『定年女子』だった。

それまで、男性のこととしてしか語られてこなかった定年を、働く女性の問題としてとらえたうえで、定年女子たちの苦労を、歩んできた道筋を知ってもらいたかった。

彼女たちは、雇用機会均等法がなかった時代に就職し、育休がなかった時代に子育てしながら、何とか定年まで頑張って働いてきたのである。

『定年女子　60を過ぎて働くということ』では、定年後においても、さらに先へ進もう、働こうと奮闘している姿勢を描きたかった。

しかも、まだまだ少数派の定年女子たちは、管理職の男性の多くが、慣例やネットワークで、恵まれた再就職をするのとは根本的に違う立場にいるのである。

ある年齢になると、関連会社や小会社に出向し、定年後はそのままそこの社員となったり、取引先の会社に乞われて移ったり、あるいは、大学時代の友人のコネで違う会社に就職したりする、そんな事例は、定年女子にはまだ多くない。

頼るべきは自分なのであり、「会社が何とかしてくれると思う」という発想の定年女子はいなかった。

しかも、60歳で、65歳で、そうそういい条件の仕事などあるはずはない。にもかかわらず、個々の定年女子が、日々の仕事を真面目に行いながら、どうしたらさらに働くことができるかを考え、悩み、その中から自分の道を見出《みいだ》していこうとしていた。

そして、驚いたことに、彼女たちの実績が、現実が、今度は、人事・雇用制度をも変えつつあるように思う。例えば、その人を雇いたくて、定年後の社員を、一律に処遇するのではなく、細かく分けて雇用しなおすとか、そういった事例が出てきている。

定年女子のほうが、制度より先を走っているのである。

あとがき

定年女子の取材をしていたところ、転職を考え中の、50代後半の女性が、「実は、私、大学生の娘と一緒に就活中。仕事探しをしているんです！」と言うではないか。

娘が就活に際し、自分は何をしたいのか、何ができるのか、など真摯に自分に向き合っているのを見ながら、「それは私のことでもあるな」と思ったし、娘の頑張る姿をそばで見て、刺激を受けたとも話してくれた。

よもや、そんな日がこようとは、と嬉しくなった。

定年女子は、いろいろなステレオタイプやイメージを壊しながら進んできた。テレビCMなどで見るシニア女性の固定化されたイメージ、働く女性はキャリアキャリアしているという勘違い、定年女子なんていない、という固定観念というか間違い、等々。

今、均等法世代は、50代半ばに差し掛かった。

この、働く女性として最も注目されていた世代が、これからの定年女子をさらに前へと進めていくだろう。

そのあとには、団塊ジュニア世代が続く。

彼女たちが定年を意識するころには、新卒一括採用もなくなり、娘と母が、同じ職場で机を並べて仕事をすることだって、あるかもしれない。

彼女の話を聞いていて、そんな光景を想像した。


本書に登場いただいた方は、こんな人と一緒に働きたいな、と思う方ばかりでした。

取材をしながら、それぞれの四〇年余りの仕事人生の重みと、さらに前に進もうとする姿勢に圧倒された、というのが正直なところです。皆さまの体験は、お話は、私自身、今後も仕事をしていくうえでの糧となっていく、と確信しています。

この場を借りて、心からお礼を申し上げたいと思います。

なお、本書に記載のお名前は、一部の方を除いて仮名にさせていただいたこと、年齢は取材当時のものであることをお断りいたします。

そして、本書に登場していただいた皆さま以外にも、たくさんの方からお話を伺わせていただきました。ありがとうございました。

また、編集者の吉村遙さま、プロデューサーの久本勢津子さまには、企画の段階で意見交換させていただくなど、大変お世話になりました。

最後に、本書の編集を担当し、数度にわたり的確な助言をいただきました、集英社文庫編集部の半澤雅弘さま、本当にありがとうございました。

令和元年九月

岸本裕紀子

本文デザイン／篠田直樹（ｂｒｉｇｈｔ　ｌｉｇｈｔ）

本書は、集英社文庫のために書き下ろされた作品です。

集英社文庫
岸本裕紀子の本

定年女子
これからの仕事、生活、やりたいこと

「老後の前」の人生を充実したものにするためのヒント。豊富な実例をもとに、お金や住居、夫との関係などについて提案。ドラマ化もされた話題の書。

集英社文庫

定年女子《ていねんじょし》　60を過《す》ぎて働《はたら》くということ

2019年11月25日　第1刷　　　定価はカバーに表示してあります。

著　者　岸本裕紀子《きしもとゆきこ》

発行者　徳永　真

発行所　株式会社　集英社

東京都千代田区一ツ橋2-5-10　〒101-8050

電話　【編集部】03-3230-6095

【読者係】03-3230-6080

【販売部】03-3230-6393（書店専用）

印　刷　大日本印刷株式会社

製　本　大日本印刷株式会社

フォーマットデザイン　アリヤマデザインストア　　　マークデザイン　居山浩二

ISBN978-4-08-744054-6 C0195